LA FAMILLE

DE

SURVILLE,

OU

LES FRANÇAIS DE TOUS LES RANGS.

Diversité, c'est ma devise.

LAFONTAINE.

AVEC FIGURES.

SECONDE ÉDITION.

Paris,

CHEZ LES PRINCIPAUX LIBRAIRES.

1825.

…s ont leur contagion ; les
…neaux parurent seuls de-
…ommission ; chacun se fit
…de l'autre ; et le même
…, le même sang-froid, la
…oquence signalèrent leurs
…momens. Condamnés à
…seule émotion qu'ils té-
…ent fut de se serrer plus
…ient ; ils marchèrent au
…, le 27 septembre 1815,
…nême fermeté qu'en 1795.
…temps étaient changés,
…le suspendre l'exécution
…pas ; et les deux jumeaux
…éole, frappés du plomb
…qui les atteignit au même
…expirèrent en s'embras-
…s frères Faucher n'étaient
…ns distingués par leur es-
…par leur courage et leur
…me ; et nous avons vu
…; mains de leurs neveux,
…Paris en 1820, pour y
…er la réhabilitation de la
…e de leurs oncles, un re-
…pièces inédites des deux
…qui atteste à la fois la no-
…e leurs sentimens, l'éten-
…eurs connaissances et la
…: leur esprit.
…HET (Claude, abbé), é-
…nstitutionnel et membre
…emblées · législative et
…ionnelle, naquit à Dor-
…artement de la Nièvre,
…eptembre 1744. Porté
…cation à embrasser l'état
…tique, il fit de bonnes
…franchit rapidement les
…; degrés du sacerdoce,
…ommé, étant jeune en-
…à très-peu d'intervalle,
…caire de l'archevêque
…ges, prédicateur du roi

Montfort. … teinte philoso-
phique de ses discours déplut
à ses supérieurs, et comme son
imagination vive et un peu exal-
tée et son esprit éclairé ne pouvaient se prêter aux concessions
qu'on exigeait de lui, il fut rayé
de la liste des prédicateurs du
roi. Blessé de cet acte d'une sé-
vérité excessive, et que la fermen-
tation causée par l'approche d'un
nouvel ordre de choses rendait
impolitique, il résolut d'embrasser ouvertement la cause du peuple ; et en la servant avec vigueur,
de se venger des personnes in-
fluentes de son ordre. A l'époque
du 14 juillet 1789, l'abbé Fau-
chet contribua à exciter l'effer-
vescence populaire par ses démarches et ses discours, et, dans
cette célèbre journée, le sabre à
la main, il s'avança trois fois à
la tête des assaillans, soutint le
feu avec courage, et donna, au
milieu du danger, des ordres que
les meilleurs officiers n'eussent
pas désavoués. Ce trait n'a rien
qui doive surprendre : sans parler des prélats qui assommaient
l'ennemi avec une massue pour
ne pas frapper avec le glaive, ou
qui bénissaient les poignards
qu'ils dirigeaient dans la nuit de
la Saint-Barthélemi, le cardinal
Ruffo, lors de la contre-révolution
de Naples, en 1799, montra plus
de talens comme général, qu'il
n'a montré de vertus comme prêtre ; et nous avons vu naguère en
France l'abbé Bernier, et en Es-
pagne le curé Mérino, remplir à
la satisfaction de la plupart de
leurs confrères, le rôle singulier
de chefs de partisans. Nous avons

LA FAMILLE

DE

SURVILLE.

T. III.

LA FAMILLE

DE

SURVILLE,

OU

LES FRANÇAIS DE TOUS LES RANGS,

ROMAN HISTORIQUE;

PAR UN INVALIDE,

AUTEUR DES LOISIRS D'UN FRANÇAIS.

Diversité, c'est ma devise.

LAFONTAINE.

SECONDE ÉDITION.

TOME TROISIÈME.

Paris,

IMPRIMERIE DE SÉTIER,

COUR DES FONTAINES, N° 7.

1825.

LA FAMILLE DE SURVILLE.

CHAPITRE PREMIER.

Georges n'avait pu suivre son projet de rejoindre promptement son corps. Le lendemain de son retour du château, comme il allait quitter l'hospice, Thérèse, de laquelle il avait déjà pris congé, après lui avoir remis les papiers promis à Robert, accourut lui annoncer qu'un ordre du Commandant de place, lui imposait l'obligation de rester à Besançon jusqu'à ce que le procès de Custro fût terminé. Il demeura donc dans la maison de Saint-Louis, en pestant contre l'aventure qui l'y retenait. Il trouvait toutefois une espèce de compensation au chagrin qu'il éprouvait de ce contre-temps : il reverrait sa chère Henriette !..... oui, mais que lui servirait cette nouvelle épreuve? madame Germain était *une honnête femme;* la dernière entrevue n'avait servi qu'à donner une nouvelle force à cette opinion. N'importe, il lui répéterait les expressions de sa tendresse: ne pouvant espérer les faveurs de l'amour, il y a bien une certaine jouissance à se faire plaindre de l'objet aimé, et Georges voulait au moins obtenir cet avantage.

Après deux mois de soins, la blessure de Custro se guérit. Les habitans du clos, ainsi que ceux du château de madame de Ligneville, furent appelés en témoignage, et passèrent plusieurs semaines dans la Capitale de la Franche-Comté. L'accusé touché des égards que Thérèse lui avait prodigués dans ses souffrances, lui avait promis de ménager son père; Knopf, ne connaissant pas Delval, ne pouvait affirmer qu'il fut un de ceux qui s'étaient introduits

chez madame de Ligneville, dont la dé-
position n'aurait pu concourir à le faire
condamner. On n'avait trouvé sur Custro, au moment de son arrestation,
aucune arme qui pût prouver que son
intention fut d'attenter à la vie de la
jeune veuve ; il avait bu, pendant la
soirée qui précédait cet événement, avec
tous les domestiques du château , et sa
raison pouvait être égarée au moment
où, soi-disant, il s'était vu entraîné dans
l'appartement de madame de Ligneville
par l'étranger. Pendant cette procédure,
le défenseur de Custro fit en sorte de
tirer parti de la situation des témoins
et des circonstances atténuantes; les juges
instruits qu'il s'agissait de faire signer
une promesse de mariage, et qu'aucune
voie de fait n'avait suivi les menaces,
ne crurent pas devoir infliger aux coupables la peine capitale : Custro ne fut
donc condamné qu'à vingt ans de fers ,
et Lazare, par contumace , frappé de
la même condamnation , devait encore
acquitter les frais du procès.

Cette affaire ainsi terminée, nos amis se séparèrent de nouveau, et Georges, certain d'être aimé de madame Germain, prit la route des frontières, vers le nord où son régiment se trouvait cantonné depuis la fin de la dernière campagne.

A peine rentré dans la maison du clos, Robert vit arriver le vieux Durand, hors d'haleine, ému à ne pouvoir parler, les yeux brillans de joie, et tenant dans sa main une lettre qu'il considérait avec une vive expression de plaisir.

« Qu'y a-t-il, mon bon M. Durand? lui dit Robert, vous avez l'air d'apporter une bonne nouvelle.

— En effet, Monsieur, je suis au comble du bonheur; j'ai reçu cette lettre de mon fils, il se porte à ravir, M. le Comte aussi; tous deux sont à Vienne, et n'éprouvent aucun besoin. Ils ont su de Germain à peu près tout ce qui s'est passé chez vous depuis votre établissement en ce pays.

—De Germain! s'écria la nourrice,

il n'est donc plus prisonnier ? Que fait-il ? quand revient-il ? comment se sont-ils rencontrés ?

— Un moment, madame Germain, répliqua le Maire d'un ton contristé, vous n'avez pas le même sujet de joie que M. Robert et moi.....

— Que voulez-vous dire ? interrompit la nourrice, mon mari serait-il blessé, malade ,..... estropié ? Ah ! mon Dieu ! il ne lui manquerait plus que cela ! mais répondez donc, M. Durand.

— Hélas ! Madame, je ne sais si je dois.....

— Certainement, vous devez tout dire. Qui doit connaître sa situation si ce n'est moi, sa femme, sa malheureuse femme, à laquelle il n'a jamais fait que des sottises !

— Eh bien ! Madame, il ne vous en fera plus.

— Comment ! que dites-vous ! serait-il.....

—Oui, Madame, il est mort.... d'une indigestion.

—Ciel! s'écria Madame Germain, en tombant sur le canapé, et pleurant à chaudes larmes, périr de la sorte! le malheureux! comment se présentera-t-il au dernier jugement!» Après cette exclamation, la nourrice se couvrit la figure d'un mouchoir, et le Maire remit à Robert la lettre suivante :

«Mon cher père, je compte sur la
» bonté de Dieu qui vous aura conservé,
» et je profite de la paix qui vient de se
» conclure pour vous demander de vos
» nouvelles. C'est un prisonnier de
» guerre qui, retournant en France, se
» charge de vous envoyer ma lettre quand
» il aura passé le Rhin. Tâchez de trou-
» ver pour me répondre un pareil mes-
» sager dans les prisonniers autrichiens :
» il n'en manque pas. Je vous dirai
» d'abord que M. le Comte se porte
» comme un charme; il pense beau-
» coup à sa fille, et au digne M. Ro-

» bert ; mais l'idée ne lui est pas venue
» de leur écrire parce qu'il croit que sa
» lettre serait interceptée, et que cela
» leur ferait arriver de la peine. Moi je
» vous écris sans le prévenir, et si j'ai
» le bonheur de recevoir une réponse,
» il sera aussi heureux que moi.

» J'ai rencontré, il y a quelque temps,
» Germain, qui demandait l'aumône dans
» les rues de Vienne ; je l'ai conduit avec
» moi dans une maison où je suis bien
» choyé, où il a reçu le meilleur accueil
» possible. Il m'a conté tout ce qui s'est
» passé chez nos amis. Comme il y avait
» long-temps qu'il n'avait pu satisfaire à
» son appétit, il s'en est tant donné, qu'il
» est mort trois heures après, avec le se-
» cours du médecin. Je l'ai fait enterrer
» dans le cimetière d'un village voisin,
» et j'ai payé au Curé trois messes pour
» le repos de son âme.

» Mon maître est toujours content de
» moi, il vous le dira à vous-même quand
» nous aurons l'occasion de retourner en

» France, ce qui ne peut manquer d'ar-
» river un jour ou un autre; en atten-
» dant, si vous me répondez, parlez-moi
» beaucoup de M. Robert et de made-
» moiselle de S***; donnez-moi aussi des
» nouvelles de M. Morel à qui je fais mes
» complimens respectueux, et dites-moi
» comment vont les affaires de la ferme:
» je pense quelquefois que mes bras se-
» raient bien utiles par-là; mais il faut
» prendre patience. A revoir, mon cher
» père, que le Ciel vous conserve long-
» temps! je vous embrasse du fond de
» mon cœur,   DURAND.

» Adressez votre lettre à M. Durand,
» chez madame la Baronne Von Winter,
» à son château, près de Vienne, en
» Autriche. »

Robert fut à son tour extrêmement satisfait de cette lettre, à laquelle il convint
de répondre conjointement avec le Maire
Ils devaient charger de leur missive un
des prisonniers autrichiens qui, se trouvant détenus à Besançon, étaient sur le

point d'être échangés : le vieux Durand se retira.

Madame Germain, demeurée seule avec Robert, fit entendre de nouvelles lamentations.

« Votre douleur est juste, lui dit-il, vous faites une perte cruelle; mais il faut se soumettre aux décrets du Ciel. Je partage d'autant mieux vos chagrins que j'en suis en quelque sorte la cause; c'est pour m'obliger essentiellement que votre mari avait entrepris ce voyage : aussi je n'oublierai pas que je vous dois un appui et des consolations.

— Mon Dieu! M. Robert, ne vous accusez pas de ce malheur; car enfin ce pauvre Germain devait mal finir, et j'aime encore mieux que ce soit d'une indigestion qu'autrement. Mais ce M. Georges aussi qui était si pressé de partir.

— Que peut faire M. Georges au chagrin que vous éprouvez?

— Oh! rien, Monsieur, rien absolument , répondit-elle , en pleurant toujours ; je vais me retirer dans ma chambre, il ne m'est pas possible de répondre en ce moment aux plus simples questions. Ce pauvre Germain! j'espère que la Sainte Vierge aura pitié de son âme. Monsieur , dites - moi , je vous prie , M. Georges vous a-t-il laissé son adresse?

— Encore une fois , madame Germain , quel motif peut vous faire désirer.....

—Non, non, vous avez raison , M. Robert, cela n'est pas bien , je ne dois pas oublier si vite..... adieu , Monsieur. En achevant ces mots , elle sortit précipitamment.

Après un instant de réflexion , l'amant de Thérèse conçut aisément quelle était la pensée qui agitait madame Germain , la mémoire lui fournissant plusieurs incidens qui ne lui laissèrent aucun doute sur des sentimens qu'il crut , avec raison, partagés par le Maréchal des logis, et il résolut de faire tout ce qui dépendrait de lui pour les réunir un jour.

Au bout de quelques mois de veuvage, l'heureux caractère de madame de Ligneville reprit peu à peu son premier enjouement; elle commençait à parler du défunt avec la plus grande impassibilité. Madame Germain, affligée d'une perte plus récente, crut devoir montrer une résignation au moins égale à celle d'une femme comme il faut : tant il est vrai que le bon exemple des grands a toujours beaucoup d'influence sur le commun des êtres. Enfin, la tranquillité et même la joie régnaient autour de Robert; lui seul était en proie à de tristes idées. Il avait écrit à M. de Surville, en lui déclarant ses projets, et lui faisant connaître les tourmens qu'il ne cessait d'éprouver de l'incertitude de sa naissance : soit que le Comte n'eût pas reçu sa lettre, soit qu'il ne voulût entrer dans aucune explication sur les questions de Robert, celui-ci n'avait reçu aucune réponse, et commençait à désespérer de l'avenir. Son amie ne lui accordait que rarement la permission de se rendre auprès d'elle, et lorsqu'il obtenait la douceur de la voir, ce n'était toujours qu'en présence d'un tiers, ce qui s'opposait sans cesse à ce qu'il lui parlât de son amour; il n'avait donc d'autre bonheur que de lui écrire; mais une pareille ressource était loin de satisfaire aux besoins de son cœur. Thérèse, de son côté, partageait la douleur de leur séparation; souvent même les travaux exigés des hospitalières, le spectacle hideux de toutes les souffrances enfantées par le malheur, le vice ou la misère, lui faisaient craindre de ne pouvoir accomplir le vœu qu'elle avait fait : de ne sortir de la sainte maison que pour voler dans les bras d'un époux.

Robert lui écrivit un jour qu'il venait de placer la jeune Lucie dans un pensionnat de Besançon, afin qu'elle pût la voir souvent, et veiller aux premiers détails de son éducation. Il lui demandait ensuite son avis sur un plan qu'il venait de former : de profiter de l'espèce de paix qui existait encore entre la France et l'Autriche, pour entreprendre un voyage vers cette dernière contrée, afin d'obtenir du comte de Surville les éclaircissemens nécessaires à leur union, et auxquels le Comte ne pourrait sans doute se refuser; après avoir bien réfléchi à ce projet, Thérèse lui répondit, et le laissa maître absolu de suivre ou non son dessein, l'assurant, d'ailleurs, de la sollicitude qu'elle apporterait dans les soins nécessaires à Lucie, et de l'impatience avec laquelle elle attendrait son retour. Robert, satisfait de la latitude qui lui était accordée par son amie, se proposa d'en profiter sur-le-champ : le lendemain il se rendit vers elle, lui remit ce qu'il pouvait avoir de précieux, tel que ses papiers, et les bijoux de la défunte Comtesse, lui adressa les plus tendres adieux et prit la route d'Allemagne.

Quatre jours plus tard, des nouvelles alarmantes se répandirent dans la maison habitée par Thérèse, et la firent trembler pour son ami : la paix venait d'être rompue.

Les victoires de Bonaparte en Italie, et spécialement celle de Marengo, en forçant plusieurs puissances à renoncer à leurs prétentions, avaient rendu ce Général l'idole de l'armée et du peuple. En France, l'enthousiasme pour lui fut si grand, que de prétendus amis de la liberté ne parlèrent de rien moins que de l'appeler à la dictature, et de lui confier à jamais les destinées de la nation, trouvant dans ce qu'il avait exécuté jusqu'alors des garanties suffisantes pour l'avenir. Créé Consul à vie, il organisa de nouveaux gouvernemens dans des pays conquis qu'il plaça sous la tutelle de la France. Ses premiers soins furent consacrés aux arts, à l'industrie et au commerce : l'agriculture, long-temps languissante, reçut des encouragemens.

En organisant l'Institut, il sut enchaîner à sa gloire une foule d'hommes de mérite, qui bientôt chantèrent ses victoires, lui élevèrent des statues, et retracèrent ses hauts faits.

L'armée, depuis long-temps négligée, offrait la plus belle tenue. Chaque soldat recevait une solde à laquelle il n'avait songé que du moment où il avait cessé de poursuivre la victoire. Des armes d'honneur étaient le prix des actions d'éclat, dont le nombre s'accroissait chaque jour : enfin l'étoile de la légion à laquelle se rattacha plus tard différentes prérogatives, acheva de fixer dans les rangs français cette idolâtrie pour leur chef, cette enthousiasme de gloire qui si long-temps les rendirent invincibles. Cependant les anciens compagnons d'armes du consul, braves généraux qui, ainsi que lui, pouvaient s'honorer de leurs actions, mais qui n'avaient jamais conçu ses projets ambitieux, voyaient avec peine disparaître toutes les espérances dont ils s'étaient bercés ; la liberté pour laquelle ils avaient combattu si long-temps, n'était plus ; son ombre même effacée, l'honneur français était en péril. Pichegru le premier, Georges Cadoudal et plusieurs encore payèrent de leur vie, les uns, les murmures qu'ils firent entendre, et les autres les obstacles qu'ils voulurent opposer à l'usurpation de la puissance républicaine; Moreau, poursuivi comme ayant partagé leurs principes, s'expatria ; Lecourbe et plusieurs autres généraux recommandables par leurs vertus, leurs éclatans services tombèrent dans la disgrâce. Curée, membre du sénat, fait alors une motion tendante à ce que le premier consul soit proclamé Empereur des Français. Quelques voix osent en vain s'élever contre le despotisme qui se prépare : elles sont étouffées, et le peuple tend les mains aux chaînes qu'on lui présente. Enfin le 2 décembre 1804, Bonaparte, sous le

nom de Napoléon I.er, est sacré et cou-
ronné dans l'église métropolitaine, par
le pontife Pie VII qui lui-même y célèbre
les saints mystères ; toute la France
semble applaudir à cette cérémonie. Ce
fut à cette époque que les intrigues du
cabinet de St.-James, réussirent à troubler la paix qui existait entre la France
et l'Autriche : il redoutait de voir s'établir en France un état de choses qui
promît quelque stabilité.

Robert arriva sur les frontières de
l'Allemagne, au moment où la campagne était sur le point de s'ouvrir ; il
voyait qu'une nouvelle lutte allait s'établir entre les deux puissances. Mais
comment renoncer au projet qu'il avait
conçu de revoir M. de Surville? Cette
démarche pourtant l'exposait aux dangers d'une longue absence ; peut-être
aussi, le Comte lui reprocherait-il d'avoir
exposé la sûreté de Lucie, en l'aban-
donnant dans le moment où ses soins
lui devenaient indispensables ; peut-être

serait-il accusé d'égoïsme par celui pour
lequel, jusqu'à ce jour, il avait négligé
ses intérêts les plus chers, ceux de
son bonheur. Après avoir réfléchi sur
le parti qu'il devait prendre, il se décide enfin pour le plus dangereux, et
franchit la ligne qui séparait les armées
belligérantes; mais arrêté bientôt par
les premiers postes ennemis, conduit
devant les Généraux Autrichiens comme
espion de la France, il fut traîné dans
les prisons de Ratisbonne. Interrogé le
lendemain par le Commandant d'armes,
il lui confia toute son histoire avec la
plus grande franchise; le capitaine Kei-
serlich parut touché de sa situation et
lui promit de l'envoyer à Vienne pour
y être jugé, afin qu'il pût, avec plus
de facilité, justifier de ses desseins par
la présence du Comte : trois semaines
après, il fut conduit dans cette Capitale.

Charles, guéri depuis long-temps d'une
blessure qu'il avait reçue, n'avait point
quitté son régiment, qui, après le traité

de Parſdorf, était venu cantonner sur les bords du Rhin; il avait revu son ami Georges et lui avait montré avec orgueil, qu'ainsi que lui, il avait une cicatrice au front, et des galons de maréchal des logis. Il serait difficile de décrire la joie du brave Knopf à la vue de son jeune ami revêtu de tant de dignités; mais ce qui faillit lui faire perdre la raison, ce fut de recevoir lui-même la décoration de la légion d'honneur, des mains de son Colonel, devant tout son corps rassemblé, et dans un moment où il n'avait aucun espoir d'obtenir une telle récompense.

La guerre devint flagrante, et chaque jour de nouveaux succès couronnèrent la valeur française. Le premier combat à Wertingen nous laisse maîtres du champ de bataille et de 4ooo ennemis; nous reprenons Munich; nous nous emparons de Mémingen, d'Elchingen; 9ooo prisonniers se rendent à nos troupes; bientôt Ulm capitule, le général Mac, de honteuse mémoire, se rend à la tête de 27,000 hommes qui défilent sur les glacis, en déposant leurs armes ; 40 drapeaux, fruit de cette conquête, sont envoyés au Sénat conservateur, et un matériel considérable reste en notre pouvoir. En Italie d'autres triomphes attestent l'intrépidité de nos braves ; au pont du vieux château de Vérone, 7 pièces de canon, 18 caissons, 1500 prisonniers, tombent en notre pouvoir ; les fameuses redoutes de Caldieros et de Calognola sont enlevées à la baïonnette, leur artillerie, et 2000 hommes sont le résultat de cette victoire ; 6000 Autrichiens se rendent près des portes de Vérone, Vicence nous reçoit dans ses murs, et Lintz voit flotter nos drapeaux sur ses tours. Le Tyrol est conquis par nos troupes ; Jellachick nous rend aussi les armes à la tête de dix mille soldats. Les Russes viennent encore une fois à l'appui des armées impériales d'Autriche, et leur nombre ajoute à la con-

fiance qu'ils apportent dans cette seconde guerre. A Diernstein ils se pré-
sentent d'abord avec 3o,ooo hommes
devant 4ooo Français qui non-seulement conservent leur position, mais
encore contraignent ces nouveaux ennemis d'abandonner plusieurs drapeaux
et 15oo prisonniers, après avoir perdu
15,ooo hommes : enfin l'armée française
d'Allemagne, reçue en libératrice, fait
à Vienne son entrée triomphale, tandis que celle d'Italie, après avoir passé
le Tagliamento, après avoir vu battre en
retraite le vaillant prince Charles et
s'être emparé de tous les magasins ennemis, court aux nouvelles conquêtes
de Palma Nova et de Bassano où le
prince de Rohan et 6ooo Autrichiens
sont fait prisonniers. Mais les nouveaux
possesseurs de Vienne, n'étant pas encore rassasiés d'exploits, attaquent les
Russes à Junterfdorf; ceux-ci perdent
8ooo hommes, 12 pièces de canon,
1oo voitures de bagages; les Français se
trouvent à Brünn, en Moravie.

Il est nécessaire de rendre compte ici d'un entretien qui eut lieu dans cette dernière ville entre Georges et son jeune ami. Le Maréchal des logis venait visiter son élève dans le logement qu'il occupait.

« Bonjour, mon Lieutenant.

— Bonjour, mauvaise tête.

— Pourquoi ce surnom, M. de Belmont?

— Parbleu ! ne sais-je pas que je ne suis nommé sous-lieutenant que parce que tu as encore refusé de l'être?

— Quant à cela, mon Lieutenant, je vous demande bien pardon si je manque un peu au respect que je vous dois; mais vous me permettrez de vous dire que ma conduite en cette occasion ne vous regarde pas.

— Mon cher Georges !.....

— Mon Lieutenant !

— Ah ça ! vas-tu conserver ce ton avec moi?

— Je connais la discipline, moi; je sais ce que je dois à mes supérieurs.

— Cela est possible; mais tu ne sais peut-être pas que tu m'impatientes!

— Excusez, je me retire.

— Mon ami, reste donc, je t'en prie.

— J'obéis.

— Tiens, si tu cesses d'être le même pour moi, je déchire mon brevet.

— Hem !...,. eh bien ! je te conseille d'en agir ainsi !..... par exemple !

— A la bonne heure, te voilà bien maintenant; embrasse-moi.

— Ah ! j'en avais bien envie, je t'en réponds; tu es un si brave garçon ! Comme tu t'es battu dans la dernière affaire ! comme tu es devenu fort !

— Ecoute donc, j'ai seize ans. »

Pendant que Georges admirait son jeune ami, et se complaisait à lui donner des éloges mérités, celui-ci, s'étant approché d'une fenêtre qui donnait sur le jardin, interrompit tout à coup le Maréchal des logis :

« Oh! Georges ! vois, vois donc les deux jolies personnes.

— Eh ! que nous importent les jolies personnes ! il faut songer à ton nouvel équipement.

— Quels beaux yeux a la plus jeune ! regarde donc.

— Bah ! bah ! des beaux yeux ! il n'en manque pas en France. Tiens, voici de l'argent que je te prête pour payer ton uniforme d'officier.

— Elles regardent de ce côté, mon ami ; oh ! les charmans minois !

— Que le diable les emporte ! Veux-tu bien m'écouter : je te donne cinq cents francs.....

— Je reviens dans l'instant, mon ami ; il faut absolument que je leur parle : je viens de leur jeter un baiser, elles ont ri. Attends ; mais voici justement M. St.-Paul, causez ensemble.

—Un moment, dit ce dernier en arrêtant Charles ; le régiment monte à cheval : il vient de recevoir l'ordre de se rendre vers un village qu'on nomme

Austerlitz où tout fait présumer que nous trouverons l'ennemi, et qu'une action décisive aura lieu avant quarante-huit heures. »

Charles s'empara vivement de ses armes, jeta de nouveaux baisers aux deux objets de sa première attention, leur cria à haute voix qu'il reviendrait les voir, et courut prendre son rang dans son escadron.

CHAPITRE II.

Madame de Ligneville avait vu le départ de Robert avec beaucoup de chagrin ; sa présence seule, depuis le séjour de Thérèse à l'hospice, l'avait distraite de la monotonie de son existence. Parmi les habitans des environs qui pouvaient rechercher sa société, nul ne devait remplacer ses amis du clos ; elle n'obtenait de consolations que des voyages fréquens qu'elle faisait à Besançon, pour y revoir son amie Augustine. Toutefois, les occupations auxquelles cette dernière était condamnée jusque dans les instans qu'elles passaient ensemble, détruisaient le charme de leurs entretiens. Elle résolut donc de recommencer dans les montagnes les courses que la crainte de Lazare l'avait forcée d'interrompre depuis la mort de son époux : ses premières promenades furent dirigées du côté de Beure et de Fontain, villages également rapprochés de sa demeure. Comme elle avait conservé l'habitude de s'entretenir avec tous les paysans qu'elle rencontrait sur son passage, elle apprit de plusieurs d'entre eux que, depuis quelques semaines, on avait remarqué dans les rochers, à différentes époques du jour et de la nuit, un homme vêtu d'une espèce de robe de moine, qui attaquait les passans à main armée, sans exiger autre chose que les vivres dont ils étaient porteurs ; un masque couvrait la partie supérieure de sa figure, et une longue barbe noire achevait de dérober ses traits. Le plus grand nombre de ceux qui l'entretinrent de ce personnage, ajoutèrent que vraisemblablement cet homme était sorcier; car lorsqu'on avait voulu se diriger en force du côté où l'on venait de l'apercevoir, il avait soudain disparu comme une ombre, sans qu'on pût découvrir aucune trace de ses pas.

Ces récits, tout ridicules qu'ils parurent à madame de Ligneville, lui inspirèrent néanmoins l'idée de prendre quelques précautions pour sa sûreté personnelle : elle ne sortit plus de son domaine sans se faire accompagner par un valet dont la fidélité lui était connue; il était chargé de porter le petit fusil qui avait sauvé Thérèse des mains de son ravisseur. Ainsi rassurée, la jeune veuve continua ses promenades lointaines, sans qu'aucun événement vînt les troubler.

Un jour qu'elle visitait les ruines antiques du château d'Argüey, monument qui date des temps les plus reculés de

la chevalerie, elle entrevit, à travers les
ronces et les débris d'une vieille tour,
un homme à peu près semblable à celui
qu'on lui avait dépeint, et qui paraissait
la considérer avec attention. Au moment
même où cette espèce de fantôme ren-
contra ses regards, il disparut avec une
telle rapidité que madame de Ligneville
finit par croire que son imagination seule
avait pu produire cette apparition ; elle
ne put cependant se défendre d'une certaine frayeur, et s'éloigna précipitamment de ce lieu. Lorsqu'elle en fut à
quelque distance, elle demanda à son
domestique s'il n'avait vu personne dans
les ruines; celui-ci l'ayant assurée qu'aucun être vivant ne s'y était montré à ses
regards, excepté sa maîtresse, elle demeura convaincue qu'elle était la dupe
d'une vision, et continua sa promenade
dans les montagnes environnantes. Au
bout de deux heures de course, après
avoir herborisé parmi les roches, elle
se disposait à regagner sa demeure ;

tout à coup la détonation d'une arme à feu se fit entendre, et une balle vint siffler à son oreille. Elle tourna vivement ses regards du côté de cette explosion ; un second coup de feu suivit immédiatement le premier, sans qu'elle pût découvrir par quelle main ils étaient dirigés. Enfin ces mots vinrent frapper son oreille : « *Je n'ai plus que mon désespoir, tremblez !* » Voulant alors saisir son fusil entre les mains de son valet, elle aperçut du sang qui s'échappait de l'épaule droite de cet homme.

« Grand Dieu ! s'écria-t-elle, vous êtes assassiné !

— Ce n'est rien, Madame ; mais fuyons, puisque nous ne pouvons voir à quel ennemi nous avons affaire. »

Tous deux sortirent alors promptement de l'espèce de gorge où ils s'étaient avancés ; madame de Ligneville, affaiblie par la terreur, pouvait à peine se soutenir, lorsqu'au contraire l'épouvante semblait avoir doublé les forces de son domestique, qui, malgré sa blessure, était encore pour elle un indispensable appui. Après avoir parcouru une certaine distance, ils rencontrèrent trois montagnons, au nombre desquels se trouvait Claudin; rassurés par leur présence, ils s'arrêtèrent enfin pour respirer. Les paysans s'étant approchés de la jeune châtelaine, elle s'empressa de leur raconter cette aventure et de les prévenir sur le danger qu'ils pouvaient courir en se dirigeant vers le lieu qu'elle venait de quitter : en leur désignant cet endroit, elle découvrit sur la pointe d'un rocher à pic, le personnage mystérieux qu'on lui avait dépeint, celui qu'elle ne doutait plus maintenant avoir remarqué dans les ruines d'Argüey. Il tenait encore dans ses mains deux pistolets, dont sans doute il venait de faire usage.

« C'est le sorcier ! s'écria l'un des paysans, je le reconnais; dernièrement j'ai été obligé de lui donner la petite provision que j'emportais au travail pour ma journée : allons, mes amis, voici de la ficelle , faisons des frondes et courons à ce bandit; ne voyez-vous pas qu'il semble nous menacer?

— Il fait sûrement ses conjurations, répond un autre, le moment n'est pas bien choisi pour l'attaquer; mais voici Claudin qui sait aussi un peu de magie : il pourrait nous fournir un moyen de le surprendre.

Oui , reprend Claudin , j'sais des s'crets qui pourraient nous débarasser d'ce drôle, mais tout c'la est dans mon fusil et dans les vôtres , patience..... Il est inutile, continua le vieux jardinier, après un moment de réflexion , d'nous mettre à sa poursuite , j'vous réponds qu'nous ne pourrions l'atteindre : il vaut mieux lui laisser croire encore qu'il nous fait peur, il n'en tombera qu'plus facilement dans le trébuchet. »

Pendant que les trois compagnons s'entretenaient ainsi, madame de Ligneville avait ôté l'habit à son domestique, et voyait avec satisfaction que la balle n'avait que légèrement endommagé les chairs; elle s'empressa de le panser, et reprit ensuite la route de son domicile.

Le bruit de cet événement circula bientôt de bouche en bouche, et augmenta la frayeur qu'inspirait déjà le sorcier aux habitans des environs; ces bons paysans avaient encore à cette époque une croyance entière aux choses surnaturelles; de vieilles traditions leur faisaient voir encore dans plusieurs endroits isolés de ces monts, des *loup-garoux*, espèce d'animaux quadrupèdes, sous la forme desquels le diable attirait les magiciens au sabat, pendant la nuit; des *vouivres*, genre de fées malfaisantes ressemblant à un serpent de feu, et qui, en traversant les airs, exerçaient sur les humains leur maligne influence, enfin, des *revenans*, défunts abbés, hauts et puissans seigneurs qui, sortant de leurs tombeaux, venaient quelquefois réclamer pour leurs héritiers ou ayans cause, le droit de jambage, cuissage et de main-morte, qui leur avait été ravi par la bonté de Louis XVI pour son peuple. Telles étaient encore, dans ces temps peu reculés, les erreurs qui poursuivaient les habitans des montagnes de Franche-Comté.

Les autorités des villages les plus rapprochés de l'habitation de madame de Ligneville furent aussitôt instruites de la tentative d'assassinat commise sur elle et son domestique; les Magistrats de Besançon ayant appris à leur tour qu'un malfaiteur, établi dans les rochers, portait la terreur parmi les habitans de ces cantons, envoyèrent plusieurs brigades de gendarmes à la poursuite de ce brigand. Quelques montagnons s'unirent aux soldats, et les conduisirent dans les détours des cavernes qui leur étaient connues; Claudin de son côté, suivi du seul Nicolas, son garçon jardinier, visitait quelques retraites souterraines qu'il avait découvertes dans sa jeunesse.

Pendant quatre jours, les soldats continuèrent leurs recherches dans un cercle de trois lieues, sans avoir rien vu qui pût leur faire découvrir le coupable. Le dernier jour de cette expédition, Claudin, toujours accompagné de son second, Nicolas, portant une lanterne, crut apercevoir quelque dérangement dans une caverne qu'il connaissait d'autant mieux que jadis, poursuivi comme braconnier par les ordres d'un Seigneur voisin du comte de Surville, elle lui avait servi d'asile pendant la nuit, et de lieu de rendez-vous pendant le jour, pour y recevoir sa chère Julienne qui alors, âgée de dix-sept ans, n'était encore que sa fiancée. Il reconnut d'abord que cette même caverne avait été mise en communication avec plusieurs autres par suite d'un travail assez considérable ; et qui, s'il n'était que celui d'un seul homme, devait l'avoir occupé plus d'une année. Dans un endroit fort spacieux, en examinant la voûte naturelle de rochers, il remarqua une cavité pratiquée à dix pieds environ au-dessus du sol. Ayant engagé Nicolas à y monter, celui-ci lui rendit compte que ce réduit était garni de paille sur laquelle on devait avoir reposé; qu'il y avait une cruche à moitié remplie d'eau, un paquet de poudre et du plomb, et un coffre, contenant sans doute quelques matières métalliques, car la pesanteur en était telle, qu'il pouvait à peine le soulever d'une seule main. Claudin ayant engagé le garçon jardinier à s'emparer de cet objet, celui-ci le descendit doucement à son maître qui le soutint d'abord sur le bout de son fusil, le laissant glisser contre le rocher, et qui le reçut ensuite. Tous deux sortirent bientôt des cavités de la montagne, et se dirigèrent vers le clos.

Il était nuit close lorsqu'ils furent de

retour ; Julienne leur apprit que tous les militaires qu'on avait envoyés à la poursuite du sorcier, avaient été rassemblés par leur Commandant, et s'étaient remis en marche pour leur garnison, sans avoir rien rencontré de ce qu'ils cherchaient.

« Pendant qu'i' courait après l'oiseau j'ai trouvé l'nid, moi. Viens, femme, dans ta chambre, nous examinerons les plumes pour connaître l'espèce. »

Claudin, suivi de son compagnon et de Julienne, étant entré dans la chambre, brisa le coffre avec une hache, et reconnut qu'il était rempli d'argenterie de table aux armes du comte de Surville. Tous trois se fixant alors avec une égale surprise, chacun d'eux semblait attendre qu'un autre décidât ce qui devait résulter pour tous de la découverte de ce trésor. Claudin le premier rompit le silence :

« Eh bien ! mon Nicolas, que penses-tu que nous devons faire ?

— Ma foi, maîtr' Claudin, il y a là not' fortune à tous trois.

— Tu crois donc qu' nous pouvons nous emparer d'ça, sans danger pour not' conscience?

— Dans l' fait, je n'y pensais pas, y a p't'êt queuqu' diablerie là d'dans! si c'était un tour de sorcier?

— C' n'est pas ça qui m'épouvante, vois-tu, mais c't' argenterie est aux armes de M. de Surville; nous ignorons si on l'a volée ou si elle a été vendue, ou si lui-même ne l'a pas déposée dans c't endroit où nous l'avons trouvée : elle est encore avec le chiffre du Comte, ce qui prouve la propriété, et ce s'rait un vol qu' nous ferions.

— En c' cas, maîtr' Claudin, mettez tout cela dans votre armoire, et attendez l'occasion d' le rendre à M. ou mam'zelle d' Surville, je n' voudrais pas avoir un sous qui n' fût d' bon gain, ainsi n'en parlons ni pu ni moins qu' des choux d' l'année dernière. »

Après ce court entretien, ils complè-
rent les objets renfermés dans cette cassette, et, satisfaits de leur résolution,
allèrent se coucher, la conscience nette.

Ainsi que nous l'avons fait connaître,
le domestique de madame de Ligneville
n'avait eu qu'une légère blessure, dont
il fut bientôt entièrement guéri. Sa jeune
maîtresse commençait à prendre en dégoût une résidence où elle s'était vue
exposée à tant d'accidens, depuis la
perte de son époux et de son père ;
n'ayant formé aucune autre liaison depuis le départ de Thérèse et de Robert,
elle en était réduite à la seule compagnie de madame Germain, qui chaque
jour l'entretenait de ses terreurs et des
regrets qu'elle éprouvait de ne pouvoir
correspondre avec M. Georges. Il y avait
plus de quatre ans qu'il l'avait quittée,
et elle n'en recevait aucune nouvelle ;
sans doute il n'existait plus, car il ne
pouvait l'avoir oubliée, puisqu'elle n'a-
vait cessé de penser à lui : telle était

du moins la conséquence qu'elle tirait de ses réflexions.

Madame de Ligneville possédait une terre près du pays de Caux ; elle avait, depuis ses malheurs, songé plus u n e fois à l'habiter, elle ne pouvait se décider pourtant à s'y rendre seule ; déjà, souvent, elle avait sollicité Thérèse d'y aller demeurer avec elle, et de placer Lucie dans un pensionnat de cette contrée, mais Thérèse se faisait une loi de suivre ponctuellement les intentions de Robert en laissant mademoiselle de Surville où il l'avait placée ; elle ne pouvait également se départir du vœu intérieur qu'elle avait fait, de ne quitter le titre de *sœur* que pour prendre celui d'épouse. Madame de Ligneville toutefois gémissait de la vie sédentaire à laquelle elle s'était condamnée par suite des terreurs que lui inspirait sa dernière aventure. Depuis trois mois, époque où son domestique avait été blessé par le prétendu sorcier, elle n'avait osé sortir du château, et ce défaut d'activité avait détruit la vivacité et l'enjouement naturel de son caractère. Nous touchions au mois de décembre ; les arbustes se dépouillaient de leurs feuilles, les gazons étaient desséchés, et les fleurs de cette saison, presque toutes inodores, ne brillaient plus que d'un pâle éclat; il fallait encore renoncer à la promenade du jardin, et, bien qu'on ne parlât plus depuis long-temps ni de Lazare, ni du sorcier, notre aimable veuve n'en persistait pas moins à se priver de ses courses champêtres, et à se morfondre dans ses appartemens.

Un jour qu'elle s'était fort ennuyée, n'ayant vu de ses croisées qu'un ciel couvert de nuages et d'humides brouillards, dont l'aspect ajoutait encore à la tristesse de son âme, on vint lui dire qu'une paysanne d'un âge avancé désirait l'entretenir; elle ordonna qu'on la fit entrer; celle-ci, s'étant approchée d'un air de mystère, lui dit qu'une jeune

religieuse de St.-Louis, nommée Thérèse Augustine, s'étant rendue en secret
dans sa chaumière, désirait parler à madame de Ligneville sans témoins.

« Qu'êtes-vous, ma bonne femme?
comment se fait-il que je ne vous con-
naisse pas?

— Ah! Madame, il n'y a pas long-
temps que j'habite ce pays; mais ma
sœur, la vieille Alise, que je viens de
perdre, y vivait depuis six ans de vos
secours.

—Ah! mon Dieu! cette pauvre femme
est morte!..... Je connais votre chaumière, contre les grandes roches......
Je me rappelle; il est tard cependant,
et c'est un peu loin; mais pour ma
chère Thérèse il n'est rien que je n'en-
treprenne.

— Vous savez, Madame, qu'elle veut
vous voir seule?

— C'est bien, partez, je vais monter
à cheval, j'arriverai avant vous. »

La paysanne s'éloigna sans autre observation; madame de Ligneville , inquiète sur les motifs qui pouvaient engager Thérèse à user d'un tel mystère dans sa démarche, s'empressa de donner des ordres pour qu'on lui amenât promptement sa monture et se dirigea au grand trot vers la hutte qui lui était indiquée.

Cette habitation était distante d'une bonne lieue du château : le chemin, pour y parvenir, était comme tous ceux de ces montagnes , extrêmement difficile. Il était trois heures lorsque madame de Ligneville s'était mise en route, et malgré toute la diligence qu'elle avait mise dans cette course, plus de cinquante minutes s'étaient écoulées et le jour baissait lorsqu'elle arriva vers la chaumière ;

Au moment où , ayant descendu de cheval, elle se disposait à pénétrer dans cette triste demeure, elle se sentit enlever à bras-le-corps, et emporter avec rapidité vers un antre obscur et voisin de ce lieu. Le saisissement et la terreur lui avaient dans le premier moment ôté jusqu'à la faculté d'articuler une seule plainte; lorsqu'elle voulut faire entendre ses cris, elle était déjà dans l'obscurité de la caverne, et une main coupable était appuyée sur ses lèvres; frappée de stupeur, elle perdit enfin connaissance et ne recouvrit la raison que pour éprouver avec plus de force les angoisses de sa position. Seule, un mouchoir serré sur la bouche, placée sur son séant, les jambes et les mains liées par une même corde qui était ensuite fixée à un pieux enfoncé dans la terre, elle ne pouvait articuler une seule plainte, ni faire un seul mouvement; une lampe répandait sur tout ce qui l'entourait une lumière sépulchrale ; le lieu qui la renfermait, pouvait avoir dix pieds de surface vers sa base, et s'élevait à trois toises environ de hauteur; une carabine, des pistolets, un sabre, étaient suspendus au roc humide ; quelques planches réunies formant une table et un petit banc, étaient le seul ameublement de cette asile du crime et de la douleur.

Après une demi-heure de terreurs et de larmes, elle entendit du bruit sous la voûte souterraine; bientôt elle vit entrer par une ouverture qu'elle n'avait point encore remarquée, le même personnage que les paysans désignaient sous le nom de sorcier, et de la main duquel son valet avait failli recevoir le coup mortel. A cette vue, elle ne put se défendre d'un mouvement d'horreur; l'étranger la considéra un instant en silence, détacha le mouchoir dont elle avait la bouche couverte, s'assit ensuite vers la petite table, et parût attendre que sa victime lui adressât la parole; mais madame de Ligneville ne s'exprimait que par les pleurs qui venaient innonder sa poitrine.

« Je m'attends à vos reproches, Madame, ne craignez pas de me les adresser;

ils ne changeront rien à votre sort : il est fixé ce sort. Ma résolution est inébranlable ; la mort seule pourra désormais nous séparer.

—Qu'ai-je entendu!..... quelle voix!.... Lazare !.....

—Oui, Madame, oui, c'est ce malheureux que vous avez réduit à la cruelle alternative de mourir dans les fers , ou de n'exister que par le crime.

— Eh ! qu'ai-je fait , grand Dieu ! pour devenir l'objet de vos persécutions!

— Osez-vous me le demander ? ne vous souvient-il plus du sanglant affront que je reçus des montagnards ? qui les avait excités ?..... Avez-vous oublié ce qui mit obstacle à l'enlèvement de la jeune Thérèse ?

—Pouvez-vous me reprocher de vous avoir sauvé vous-même d'une nouvelle infamie ?

—Qui vous autorisait à vous établir juge de mes intentions, et des droits que je pouvais avoir sur cette jeune personne?

— Devais-je voir autre chose qu'une action criminelle?

— Sachez donc qu'elle avait un but louable; cette action allait à la fois arracher cette jeune fille au déshonneur qui résultait de sa honteuse passion pour un séducteur, et lui rendre un appui qu'elle ne doit point mépriser: celui de son père.

— Si vos intentions étaient pures, pourquoi ne cherchiez-vous pas à les étayer de l'autorité des lois? qui vous forçait à recourir à la violence?

— Vous connaîtrez peut-être un jour mes motifs; toutefois, vous ne deviez point les préjuger sans m'en avoir demandé compte, ni vous opposer à mes vœux sans vous assurer d'avance, s'ils étaient ou non légitimes, justes ou pervers..... mais j'avais oublié le ressentiment que m'avait inspiré votre conduite; épris depuis long-temps de vos aimables qualités et des charmes de votre personne, j'ai comprimé l'excès de mon amour tant que vous avez dû respecter les liens qui vous unissait à M. de Ligneville. Je ne pouvais avec indifférence vous voir rendue à la liberté, et, lorsque je jugeai que le temps devait avoir adouci vos regrets, j'employai tous les moyens avoués par la délicatesse et l'honneur pour obtenir d'abord la faveur d'une simple admission dans votre château ; je vous fis offrir mes services, je vous écrivis plusieurs lettres ; vous ne repondîtes à ces égards que par votre silence et le plus froid mépris. Me croyiez-vous donc insensible à tous les genres d'outrages, ou trop inhabile à me venger ?..... Vous pouviez me refuser votre amour ,.... j'aurais eu le courage de rester encore votre ami;..... mais de pareilles insultes devaient exciter ma haine : eh bien ! le désespoir vint s'emparer de mon cœur et les conseils perfides de Custro m'entraînèrent à commettre l'attentat qui m'a voué la proscription. Seul, sans asile, livré aux tourmens qui me déchirent encore, j'errai long-temps dans ces montagnes de caverne en caverne, sur la pointe des monts glacés ou dans les retraites des plus sombres forêts, disputant aux animaux leur pâture, et toujours abreuvé de mes larmes; vingt fois je faillis expirer de besoin.

Enfin je dirigeai mes pas vers la Suisse, dans l'espoir de tirer de ce peuple hospitalier des moyens de prolonger ma cruelle existence; mais un signe de réprobation semblait empreint sur tous mes traits : les femmes, les enfans, les vieillards, fuyaient à mon approche, ou ne m'accordaient qu'avec l'air du dégoût et de la crainte, le morceau de pain qui alimentait ma vie. Ne pouvant plus supporter mon sort, effrayé moi-même des suites que pouvait avoir la terreur que j'inspirais, je me présentai dans un couvent de Chartreux, et ces vertueux cénobites daignèrent m'accueillir au nombre de leurs frères. La sombre tristesse de ce lieu, les règlemens austères de cet ordre, les travaux funèbres auxquels je me vis condamné, et jusqu'à l'affreuse paix de ce séjour, me firent bientôt envisager mes devoirs avec une insurmontable horreur; je ne songeai donc plus qu'à fuir promptement, et les moyens m'en furent offerts avec empressement par le Supérieur même de cette solitude, qui craignait que mon indocilité ne se propageât parmi ses jeunes néophites. Je revins alors dans ces contrées, sous ces vêtemens de l'Ordre de St. Bruno, avec la seule idée de me venger sur vous de tous les maux que j'avais soufferts; j'appris que mon nom n'avait point cessé d'y être en horreur, que mon domaine était conservé par des agens du gouvernement jusqu'à ce que mes héritiers se présentassent pour satisfaire, par la vente de l'une de ses parties, à mes dettes et aux frais du fatal procès. Le dénuement où je me trouvais me força d'avoir recours aux seules ressources que me laissait mon désespoir; j'obtins des habitans, par la crainte, la subsistance que leur charité m'eût refusée. J'explorai tous les détours souterrains de ces montagnes pour m'en faire un asile contre leurs poursuites. Cependant je perdis dans les dernières recherches qui furent dirigées contre moi une cassette contenant les débris de toute la fortune dont je pouvais encore disposer, et avec lesquels j'espérais me rendre sur une terre étrangère et lointaine. Maintenant il ne me reste que vous; grâce à l'adresse d'une femme qui m'est dévouée depuis long-temps, vous êtes en mon pouvoir, et, je vous le répète, la mort seule pourra nous séparer. De vous-même, de votre conduite envers moi, dépendent désormais votre bonheur et ma félicité; mais si je ne puis dompter vos rigueurs, si je ne dois rien attendre que de la violence de ma passion, frémissez des tourmens qui vous attendent. »

CHAPITRE III.

Madame de Ligneville avait écouté avec une égale indignation les premiers reproches de Lazare et les premières expressions de tendresse qu'il avait osé lui adresser ; au récit des maux qu'il avait éprouvés, la pitié s'était un instant emparé de son cœur ; mais les menaces de cet homme coupable ne lui inspiraient plus que l'effroi. Elle sentit néanmoins qu'elle aurait besoin de toutes les ressources de son esprit, d'une force morale, peut-être au-dessus de son sexe, pour supporter les épreuves que sans doute il lui réservait ; et, bien que son dessein fût de ne point l'irriter, elle lui répondit en ces termes :

«Vous m'avez accusée d'avoir mis obstacle à vos desseins, lorsque toutes vos actions semblaient être dictées par la vengeance ?..... cela prouve du moins que j'ai eu le courage de m'exposer à votre ressentiment, et je pourrais avoir encore assez d'énergie pour en supporter les effets. Qu'on craigne la mort lorsqu'elle est prête à nous frapper sans que nous ayons provoqué ses coups, cela peut être; mais quand nous nous opposons au crime, le poignard du lâche peut nous atteindre sans nous effrayer. Vous me parlez de votre amour, de votre passion! lorsque, enlevée à ma solitude, privée de tout appui, chargée de liens, je ne dois plus me considérer que comme une victime prête à assouvir votre férocité. Je devais, dites-vous, répondre aux égards que vous me montrâtes dans un temps plus heureux? De quel droit forcerait-on une femme à se trouver sans cesse en butte aux soins ou plutôt aux persécutions, sinon de l'objet de ses dégoûts, du moins de celui qui ne sut jamais mériter ni sa confiance, ni son estime? Dois-je, en ce moment, concevoir de vous une opinion plus favorable?

il me suffit de considérer l'état cruel où je me vois.

— Ah! n'accusez que vous-même. Il m'eût été si doux de consacrer le reste de ma vie aux soins de votre félicité!

— Je dois, en effet, en voir une preuve dans le premier usage que vous faites des droits criminels que vous vous attribuez.

— Ne croyez pas que je puisse plus long-temps vous voir chargée de ces affreux liens,..... qu'ils disparaissent;.... mais que du moins j'obtienne un regard de pitié. »

Lazare ayant coupé de son poignard la corde qui retenait madame de Ligueville, l'aida à se lever, et la conduisit doucement vers le banc où elle s'assit en versant un torrent de larmes. Il crut devoir profiter de cet instant pour lui faire de nouvelles protestations, tomba à ses pieds, voulut saisir sa main.

« Arrêtez, Monsieur, je souffre encore des liens dont vous voyez la trace. N'oubliez pas surtout que je suis résignée à la mort.

— Un même coup nous entraînera tous les deux, si tu ne cèdes à mes vœux ; rappelle-toi qu'il ne me reste que mon désespoir.

— Qu'exigez-vous de moi ? quelle peut être votre espérance ?

— Que tu m'accordes les droits d'un époux.

— Juste Ciel ! plutôt mille morts.

— Tu le veux donc, cruelle ! Eh bien ! tu dois t'attendre à souffrir tous les tourmens de l'enfer avant que cet asile devienne notre tombeau ; en vain, tu appelleras ce trépas que tu préfères à mon amour : il ne viendra qu'à pas lents, et se renouvellera mille fois à tes regards sous le plus hideux aspect. Mais, avant d'expirer, tu seras à moi ; je suis maître de ton sort : tu dédaignes le titre d'épouse ; tu mériteras celui de victime !

— Grand Dieu ! ne peut-on vous rappeler à des sentimens plus humains !

Prenez mes biens, je vous en fais le sacrifice, et je vous en signerai l'abandon.

— Tu sais trop que je ne pourrais en jouir; je suis proscrit; c'est toi qui dois agir; c'est toi qui seule peux me sauver encore. Que j'obtienne ici les droits que je réclame, tu me suivras alors sur un sol étranger; plus tard tu pourras y faire transporter tes richesses; mais songe que tu ne sortiras de ce lieu qu'enchaînée à ma destinée par des nœuds que rien ne pourra briser.

— Comment pouvez-vous espérer que je consente jamais à ce que vous me proposez? ne sais-je pas quel fut le sort de la malheureuse mère de Thérèse?

— Quoi! vous pensez que je serais coupable de ce forfait?....

— J'en ai la certitude. Rappelez-vous votre chasse au petit bois, quelques jours après la première visite que vous fîtes à M. de Ligneville, et de la conversation que vous eûtes avec Féraro.

— On m'écoutait!..... Je n'ai point ordonné le trépas d'Hortense, et cependant elle méritait une partie des maux qu'elle a soufferts.

— Pourriez-vous justifier un pareil crime?

— Ah! ne m'interrogez pas ;..... mais pourquoi balancerais-je à vous instruire? reprit Lazare avec des yeux égarés : nous sommes seuls. Oui, ce cœur, oppressé par une longue suite de malheurs, doit s'épancher une fois, une seule fois avant de cesser de souffrir. Connaissez donc les tourmens auxquels je fus en proie depuis l'instant même où je reçus une fatale existence.

Ma famille est d'origine française; mon père, à la suite d'une querelle avec le fils d'un homme puissant, querelle qui se termina par la mort de son antagoniste, fut contraint de s'expatrier et fixa sa résidence à Naples. C'est dans cette ville que je reçus le jour. Peu fortunés, mes parens ne purent me donner qu'une éducation superficielle, dont

les résultats ne devaient guères me promettre qu'un modeste emploi dans la
bureaucratie ; déjà j'étais parvenu à cet
âge où nos penchans se déploient avec
nos facultés; par suite de mes dispositions au travail , j'avais attiré l'attention
d'un Baron de ce pays , attaché aux affaires publiques ; j'obtins une place auprès de lui. Bientôt je parvins à mériter
sa confiance , et fus admis dans sa famille. Le Baron possédait une fille que
la nature avait comblée des charmes les
plus séduisans : éclatante de fraîcheur,
à peine âgée de seize ans , elle était encore embellie par tous les talens , par
toutes les grâces qui peuvent ajouter à
l'attrait de votre sexe. Je ne pus me
défendre du plus tendre sentiment ; enhardi par son indulgence, j'osai le lui
faire connaître; son trouble, à cette déclaration parut autoriser mes espérances.
A cette époque, M. le marquis de Surville, jeune , brillant et rempli de pré-
somption, s'introduisit chez le Baron ;

il vit Nicia, en fut épris, et parvint
bientôt à s'en faire aimer. Je m'aperçus
alors qu'on dédaignait mon hommage ;
le Baron même semblait favoriser les
vues du Marquis ; je ne pus que mau-
dire mon rival. Quelques mois plus tard,
lorsque tout annonçait la prochaine
union des deux amans, me trouvant
seul, un jour, avec Nicia, je me plai-
gnis amèrement de ce qu'elle ne m'avait
pas ravi tout espoir aux premières expressions qui lui avaient révélé la situation de mon cœur.

« Plaignez-moi, me dit-elle, en ver-
» sant des pleurs ; je suis plus malheu-
» reuse que vous, je ne suis pas maî-
» tresse de moi-même. M. de Surville
» n'a que trop su m'enchaîner, et peut-
» être bientôt n'aurai-je plus qu'à gémir
» déshonorée ; il doit, dit-il, aller en
» France solliciter l'aveu de son père,
» mais ce n'est qu'un prétexte pour
» m'abandonner : sa tranquillité à l'ins-
» tant d'une telle séparation me prouve
» assez le changement de son cœur. »

Il est impossible de vous rendre le mouvemens de rage qui, à cette révélation, vinrent agiter mes esprits; je ne savais ce que je devais le plus haïr, ou de celle dont la confiance venait de briser mon cœur, ou de son séducteur coupable; je la quittai avec indignation, et ne songeai plus qu'à me venger. Je voulais d'abord instruire le Baron des détails que je venais d'obtenir; malheureusement il était absent, et lorsque, le lendemain, je me présentai à son hôtel, je sus que M. de Surville étant parti, deux heures après Nicia était disparue. Je tournai alors ma fureur contre le Baron même; sans égard pour son chagrin, je lui reprochai sa négligence et sa faiblesse, dans les termes les plus durs et les plus outrageans. Enflammé de colère, il tira son épée, je m'élançai sur ce fer, et le brisai; la partie aiguë m'étant restée à la main, je la lui lançai sur la poitrine, elle pénétra dans son sein .... je le vis tomber noyé dans son sang. Effrayé de mon forfait, en horreur à moi-même, je sortis en maudissant ma destinée; mais plus je me sentais coupable, plus ma rage s'augmentait contre le séducteur de Nicia, le prémier auteur de tous mes maux. Je ne pouvais long-temps rester à Naples; le fils du Baron, âgé de huit ans au plus, m'avait vu sortir de chez son père, et mon air égaré ne devait pas être pour lui le motif d'un simple soupçon; je pris donc aussitôt la route de France, l'esprit agité du souvenir de mon premier crime, et du projet d'en commettre un second, si je pouvais découvrir le Marquis. J'étais certain de n'avoir jamais été remarqué par ce dernier : je ne pouvais, en conséquence, lui inspirer le moindre soupçon en cherchant à l'aborder. Rendu à Paris, je m'informai de la famille de Surville ; j'appris qu'elle vivait dans ces montagnes, et je m'y transportai aussitôt. Le père de mon heureux rival

et du Comte, venait de perdre son se-
crétaire, je me présentai à lui comme
un orphelin sans appui, sans asile, que
le malheur avait éloigné de sa terre natale; il m'accueillit. Satisfait de mes
faibles talens, et de la régularité de ma
conduite, il m'accorda bientôt toute sa
confiance, et me fit des avantages que
je n'étais point en droit d'espérer. Rien
pourtant ne pouvait détruire les projets
de vengeance enracinés dans mon cœur;
je n'avais pu trouver encore l'occasion
d'aborder l'objet de ma haine : il était
rarement au château, et lorsqu'il y
passait quelques heures, ce n'était qu'entouré de ses parens. Il fit néanmoins
une maladie qui semblait favoriser mes
desseins ; mais je ne pus obtenir la
permission de lui donner mes soins, et,
bientôt rendu à la santé, il partit pour
Paris avec son père, son frère, et les parens d'une jeune personne qu'il épousa
quelques jours plus tard.

Je n'avais aucun indice du lieu que

pouvait habiter Nicia, et je ne désirais point la revoir : j'étais assuré qu'elle ne pouvait être heureuse. Mais à peine la famille de Surville avait-elle quitté la Franche-Comté, qu'on vint m'annoncer qu'une jeune femme, arrivée au château, réclamait un enfant que, plusieurs jours avant, M. de Surville père avait confié aux soins de Julienne, épouse de Claudin, en le lui recommandant avec beaucoup de sollicitude. Je descendis de mon appartement, et, arrivé dans la cour d'honneur, je reconnus la coupable Nicia ; elle n'eut pas de peine à se rappeler mes traits : ils n'étaient plus ceux d'un amant passionné et suppliant. Cependant elle parut d'abord satisfaite de cette rencontre, et m'aborda avec confiance. Elle ne conserva pas long-temps son erreur, je la repoussai loin de moi, et, pour comble de cruauté, je m'autorisai même des ordres de son séducteur. Elle ne voulait obtenir que son fils ; elle tomba à mes genoux, les arrosa de ses larmes ..... Je fus impitoyable, et je la fis traîner hors l'enceinte du Château, comme la plus vile des créatures. Le soir un Pâtre vint m'apprendre qu'elle s'était précipitée dans un gouffre de ces montagnes. J'avoue qu'alors j'eus quelques regrets de l'indigne traitement que je lui avais fait souffrir ; et cette circonstance ne fit qu'accroître ma haine pour le marquis de Surville; je voulus du moins troubler les premiers instans de son union, et lui écrivis, avec les expressions et les détails les plus propres à l'accabler de remords, des circonstances plus ou moins vraies, sur le trépas de sa victime.

Quelques années s'écoulèrent, et dans cet intervalle, M. de Surville père termina sa carrière. Le jeune Comte, héritier de cette portion de ses biens, vint habiter ce pays, et me conserva les bontés de son prédécesseur. Un ancien avocat, estimé du Comte, vint, à son tour, s'établir dans le voisinage; je fus admis dans son intimité : c'était le père d'Hortense. Cette dernière obtint bientôt mon hommage ; et son père, pressé par M. de Surville, me promit sa main. Peut-être l'appât de quelque fortune, m'avait-il seul dirigé dans mon choix ; car lorsque j'appris que, par l'effet d'une banqueroute, celle qui m'était promise allait être privée de la plus grande partie de ses prétentions, je voulus me soustraire à mes engagemens ; je ne pus y parvenir, et M. le Comte me contraignit de satisfaire à mes promesses.

Le père de mon épouse n'existait plus ; j'occupais avec elle un petit domaine, seul débris de sa fortune. Hortense portait alors dans son sein le fruit de notre union. Un jour, à la suite d'une vive discussion avec elle, je sortis pour respirer un air plus libre, et me dirigeai vers le château, où je continuais mon emploi de chargé d'affaire du Comte. Arrivé aux portes de la première cour, je rencontrai une femme qui, jadis employée comme domestique chez le père d'Hortense, avait été chassée de chez lui à l'époque de mon mariage, par suite, me dit-elle, de la surveillance trop active qu'elle avait exercée sur la conduite de mon épouse, dans ses rapports avec M. de Surville. A cette déclaration, je sentis mon sang bouillonner dans mes veines; je me rappelai alors l'acharnement du Comte à me forcer de remplir mes engagemens, et je ne vis plus en moi que le vil instrument dont il s'était servi pour se débarrasser d'une maîtresse qui cessait de lui plaire. Je retournai chez moi avec cette femme que je repris sur l'heure à mon service; en arrivant j'accablai Hortense des reproches les plus amers; ce fut en vain qu'elle voulut m'expliquer les causes qui l'avait forcée de renvoyer son accusatrice, je ne voulus rien entendre et donnai à ma nouvelle domestique, une entière puissance sur cette femme coupable. Ce fut dans ces cruelles circonstances que Thérèse reçut le jour, que M. de Surville, ayant appris ma conduite envers Hortense, osa me menacer d'intervenir entre elle et moi, et qu'enfin, partant pour Paris, j'abandonnai ce séjour fatal à mon repos.

La révolution venait d'éclater; je cherchai à m'introduire près des puissans du jour, et mes services furent appréciés par eux; j'obtins d'être naturalisé sous le nom de Lazare. Un emploi que j'occupai quelque temps dans les domaines, me fournit par la suite, avant l'émigration du Comte, et sans qu'il s'en doutât, les moyens de m'emparer du château de Surville, et de ses dépendances. Ayant découvert la demeure du Marquis, je le désignai comme suspect, il fut emprisonné, et devint l'une des victimes du 2 septembre; son frère, plus tard, ne dût lui même son salut qu'à la fuite; une seule vengeance me restait encore à exercer.

J'avais conservé une espèce de correspondance avec la femme que j'avais commise à la garde de madame Delval, et qui, privée de ma protection, avait perdu son emploi; je l'engageai, par l'espoir d'une récompense, à chercher les moyens de s'introduire chez le frère d'Hortense, seul appui qu'elle pût encore espérer, et à lui désigner sa sœur comme une femme coupable, indigne de son amitié; au même moment, j'écrivis à mon épouse une espèce d'épître expiatoire de toutes mes prétendues erreurs ; mais alors j'avais fait prononcer un divorce entre elle et moi, et d'autres liens m'enchaînaient ; je l'engageais à vendre son héritage et à venir me joindre avec sa fille ; je reçus bientôt une réponse satisfaisante. Deux misérables qui, depuis le règne de la terreur, avaient été placés sous mes ordres dans toutes les circonstances, reçurent mes instructions : elles se bornaient à cette seule clause, de s'emparer des fonds qui résulteraient de la vente des biens d'Hortense, fonds qui me devenaient nécessaires pour payer les dettes où m'avaient entraîné les inconséquences de l'intrigante à laquelle depuis peu j'avais donné mon nom. Ces deux hommes s'étant rendus à Besançon, saisirent l'instant du départ de madame Delval pour accomplir leurs desseins, et je fais serment qu'en portant la mort dans le sein d'Hortense, il firent un crime indépendant de mes vœux et de ma volonté. A l'instant où j'appris cette catastrophe, ma nouvelle épouse expirait. Je quittai de nouveau Paris, et me rendis dans ces montagnes où une absence de quatorze années, et plusieurs changemens extérieurs, me rendirent méconnaissable aux observateurs les plus exercés. Cependant j'avais la précaution de ne former de liaisons qu'avec les nouveaux habitans de cette contrée, ou ceux qui se vouaient le plus particulièrement à la solitude. C'est d'après ces rapports avec mes projets que je me présentai

chez MM. de Ligneville, et que je sol-
licitai mon admission chez M. Lambert;
vous savez quels furent les résultats de
mes démarches; je découvris l'existence
de ma fille, je ne pouvais la réclamer
en m'appuyant de l'autorité des lois,
puisque j'avais changé de nom, et que
je voulais faire perdre le souvenir de
celui de Delval. Vous vous opposâtes
sans cesse au dessein que j'avais conçu,
ou de lui ravir son protecteur, ou de la
ramener sous mon autorité; vous m'avez
sans cesse abreuvé d'humiliations, vous
avez enfin usé de tous les moyens pour
exciter ma haine..... et cependant je
n'ai pu résister au charme entraînant
qui me rend encore votre esclave. Accablé de votre mépris, il ne me restait
plus qu'à me rendre coupable envers
vous pour atteindre au dernier degré
de l'infortune..... j'y suis parvenu.....
Je viens sans doute de combler la mesure
de mes erreurs : votre horreur pour moi

a dû s'accroître à chaque circonstance de ma vie ;..... je ne sais, pourtant..... je me sens mieux..... Oui, je serais peut-être encore accessible au repentir si votre cruauté ne lui ravissait en moi son dernier refuge. Mais il ne manquait à ma résolution que de vous avoir confié ces affreux détails ; jugez, après un tel abandon, si je puis encore songer à m'éloigner de vous, à vous rendre à la liberté !.... Non, non, jamais, vous, ou un dernier crime et le néant. »

Delval, en prononçant ces mots, avait porté sur madame de Ligneville des regards où se peignaient à la fois le trouble et le désespoir : elle osa le fixer à son tour, et fut effrayée du bouleversement de ses traits. Elle se précipita à ses pieds, le supplia de lui accorder sa pitié, lui jurant le secret le plus inviolable sur tout ce qu'il venait de lui confier, lui promettant tous les secours qui lui seraient nécessaires pour s'éloigner de la France, et pour vivre honorablement dans une autre contrée; mais ses prières furent inutiles.

« Non, Madame, non, reprit Delval, avec moins d'agitation; je ne m'exposerai pas à devenir l'objet d'une insultante pitié; épargnez-vous de vaines supplications : je fus trop souvent la victime des ruses de votre sexe perfide, pour croire encore à ses promesses, et je suis trop coupable envers vous pour devoir compter sur votre générosité. »

A cette réponse, madame de Ligneville, encore à genoux et versant un torrent de larmes, recueillit ses forces, se releva précipitamment, et, s'éloignant à quelques pas de son persécuteur, s'écria avec énergie :

« Ne songez donc plus qu'à frapper votre victime; préparez-lui tous les tourmens que peut inventer votre âme féroce; ils ne sauraient la faire consentir à devenir la proie d'un monstre tel que vous. Mais sachez du moins que, redoutant quelques perfidies, j'avais prévenu mes gens de la route que j'allais prendre en quittant ma demeure : ils seront bientôt à votre poursuite ; cette femme perverse, votre complice, est peut-être déjà en leur pouvoir. Hâtez-vous donc de me donner la mort ; si votre vie dépend de la mienne, j'ai trop vécu.

— Tu ne jouiras pas encore du fatal repos que tu réclames ; ce repaire est inconnu aux habitans de cette contrée ; ma complice ne trahira pas mon secret : vois ce fer, continua-t-il avec une horrible joie, et en lui montrant son poignard, vois ce fer, il est encore teint de son indigne sang. »

Madame de Ligneville, après avoir cédé à son premier mouvement, détourna aussitôt ses regards de cet objet affreux, en frissonnant d'horreur. Un long silence succéda à cette scène ; Delval l'interrompit le premier.

« Je vous laisserai le temps, Madame, de réfléchir aux funestes conséquences

qui résulteraient pour vous d'une résistance opiniâtre. Je passerai cette nuit
encore éloigné de vous : je dois aussi
pourvoir à votre existence, et je vais
devenir plus exigeant envers vos amis
les montagnons; mais il faut espérer que
vous mettrez bientôt un terme à la
frayeur que je leur inspire, et aux tri-
buts forcés que j'en reçois. Adieu, Madame. »

Delval, avant de s'éloigner, s'empara
de la lampe et des armes placées dans la
caverne, et sortit par l'ouverture qui
avait servi à son entrée. Madame de Ligneville, au bruit qu'elle entendit long-
temps vers cet endroit, jugea avec douleur qu'il prenait des précautions qui
sans doute lui ôtaient toute espérance
de fuir ce repaire.

Le même soir de cette tragique aventure, un étranger vint se présenter au
château de madame de Ligneville, et
en trouva tous les habitans dans la plus
grande désolation. Le cheval de cette

dame était revenu seul depuis long-temps, et tout semblait attester que quelque grand malheur était arrivé à la jeune châtelaine : plusieurs de ses gens, ainsi que des paysans de son domaine, étaient allés à sa recherche, et nul d'entre eux n'avait pu découvrir un seul indice qui pût faire soupçonner comment elle avait disparu. L'étranger avait fait connaître le sujet qui le conduisait dans ces montagnes : ayant su que la famille de Surville possédait autrefois des propriétés dans ce pays, et désirant s'entretenir avec un de ses membres, il venait s'informer du lieu où il pourrait le rencontrer ; mais personne ne pouvait le satisfaire sur ce point, et de nouvelles questions suivaient les premières. C'était à la femme de chambre éplorée de madame de Ligneville qu'il s'adressait, en présence du vieux Claudin rêvant tristement dans un coin de la salle.

« Dites-moi, ma belle dame, n'existe-t-il pas sur ces hauteurs une espèce de

poule sauvage que l'on nomme géli-
notte?

— Oui, Monsieur.

— On assure que la chair en est
exquise.

— Je le crois, Monsieur.

— Ne serait-il pas possible de s'en
procurer?

— Il faudrait pour cela, Monsieur,
s'adresser aux chasseurs de ce pays.

—Pardi, Monsieur, interrompit Claudin, c'n'est pourtant guère l'moment
d'songer à la gourmandise, quand tout
l'monde s'désole d'l'absence d'la bonne
dame de c'château ; mais, si vous êtes si
fort envieux d'gélinottes, on doit d'main
traquer l'loup, on n'manqu'ra pas d'en
rencontrer queuqu-z-unes, et on vous
en tuera.

— C'est très-bien, mon ami, et je te
promets une bonne récompense si tu
peux aussi faire pêcher pour moi quelques carpes et quelques truites du Doubs :
on prétend qu'elles sont délicieuses. »

Claudin sortit alors, impatienté de l'indifférence de l'étranger sur l'événement qui attristait ceux qui l'entouraient. Celui-ci revint alors à la femme de chambre, et voulut qu'elle lui expliquât la manière dont les naturels du pays assaisonnaient les différens mets dont il venait de s'entretenir ; elle ne crut pouvoir mieux faire que de le mettre en rapport avec la cuisinière, qu'elle fit appeler, en le quittant sous prétexte d'aller lui faire disposer un appartement.

Nos lecteurs auront reconnu, sans doute, dans ce personnage, le baron Gallina qui fit préparer à Mayence, avec tant de soins, le déjeuner donné par Gorgerousse au comte de Surville sous le nom de Gift, et au Commissaire secret.

Après avoir terminé une longue conférence avec la prêtresse de Comus, et fait un souper dont il avait surveillé les apprêts, le Baron était allé se livrer au sommeil. Un songe heureux lui ayant rappelé les gélinottes, il se leva de bonne heure, demanda un fusil, et alla se joindre aux habitans qui se réunissaient pour la chasse au loup. Il ne faut pas oublier de remarquer que le Baron, avant de sortir, s'était muni de poivre, de sel, d'un briquet, et de tout ce qui était nécessaire à la préparation des prémices de sa chasse, au déjeuner qu'il désirait faire dans le bois. Ayant reconnu Claudin, il lui rappela la promesse qu'il lui avait faite au château ; celui-ci la lui renouvela, et des dispositions étant prises par les autorités du lieu, chaque groupe de chasseurs étant dirigé sur le point qu'il devait occuper et parcourir, la traque commença.

CHAPITRE IV.

Nous avons vu Charles, déjà dans l'âge où le cœur s'ouvre aux douces émotions de l'amour, quitter le premier objet qui avait fait quelqu'impression sur ses sens, pour voler dans les champs du carnage. Son régiment ayant quitté Brünn pour aller camper sur les hauteurs d'Aujest et de Pratzen, où se trouvait l'avant-]garde française, il ne cessa, pendant toute a journée, de parler à Georges des yeux charmans et de l'aimable sourire de la plus jeune des deux nymphes moraves, qu'il avait à peine eu le temps de considérer, mais qu'il espérait revoir après la bataille. Nous allons offrir quelques détails concernant les différens faits qui devancèrent la mémorable victoire d'Austerlitz : on n'ignore pas aujourd'hui quels en furent les résultats.

Malgré la promptitude de notre marche, et l'acharnement avec lequel nous avions poursuivi les Austro-Russes dans leur retraite vers la Moravie, nous n'avions pu les empêcher d'opérer leur jonction, le 18 novembre, avec une nouvelle armée de 72,000 hommes, sous les ordres du général Kutusow, accourant du fond de la Russie au secours de nos ennemis : les Français n'étaient qu'au nombre de 42,000.

Le 20, Bonaparte arriva à l'armée : son premier soin fut de renforcer ses lignes en disposant les différens corps de manière à faire face, sur tous les points, aux mouvemens hostiles de nos adversaires.

Le 25, le grand duc Constantin vint se réunir à l'armée russe, avec un corps de 10,000 hommes. Cette armée avait quitté Olmutz, et s'était dirigée sur Pronitz, sans que les Français, témoins de cette manœuvre, changeassent rien à leurs dispositions. Cependant le prince russe Bagration attaqua la position de Vischau, défendue par une avant-garde de cavalerie légère qui fut, par lui, tournée au même moment ; là, cinquante hommes de notre armée tombèrent au pouvoir de l'ennemi, Pronitz fut pris, et les corps avancés de Murat étant repoussés, les Russes vainqueurs campèrent audelà de cette dernière ville. Les généraux ennemis, enchantés de ce premier succès, ne songèrent pas un instant qu'il deviendrait la cause de leur défaite.

Le Chef de l'armée française, à la nouvelle de cet échec, ordonna aussitôt à ses troupes une retraite de trois lieues, les fit ensuite placer à petit bruit entre Turas et Brünn, comme si elles eussent essuyé une déroute complète, et recommanda aux différens corps de fortifier leurs positions, ainsi que s'ils devaient craindre de ne pouvoir résister aux forces ennemies.

Bonaparte ayant appris que l'Empereur de Russie était au quartier-général de Pronitz, l'envoya complimenter, et lui fit demander une entrevue : le jeune prince d'Olgorouski fut alors député par son maître pour entendre les propositions qu'on pourrait avoir à lui faire, et offrir à son tour l'ultimatum de son

Souverain. Ce jeune Seigneur, arrivé à nos avant-postes où Bonaparte, contre toute habitude, était venu le recevoir, tourna les yeux autour de lui, examina avec vivacité toutes nos dispositions, et crut remarquer partout des signes de faiblesse, de défiance et de crainte : enhardi par ce spectacle, il fit alors au Chef de notre armée des propositions de paix non moins déshonorantes pour la France que si déjà elle eût été vaincue. N'ayant pu les faire accepter, le prince d'Olgorouski reprit la route de son quartier-général, rempli de l'idée que la victoire était décidée pour les Russes.

A son retour, le Conseil des Souverains alliés s'assembla, et il ne fut plus question de nous battre seulement, mais bien de tourner notre armée, de l'envelopper tout entière et de ne plus nous laisser la plus légère chance de salut : on verra bientôt ce qui résulta de cette présomptueuse espérance.

Des hauteurs de Pratzen, le Général

en chef des français considérait les dispositions de l'ennemi, calculait l'effet de ses forces dans chaque situation, et disposait son plan d'attaque; les Russes commençaient un mouvement de flanc, dont le but était de tourner notre droite. « *Demain*, dit alors Napoléon, *cette belle armée nous appartiendra*. Elle défilait dans un espace de quatre lieues, à peu de distance de nos lignes où la terreur semblait nous retenir. Pour concourir à tromper encore davantage nos adversaires sur l'état de notre défense, et sur l'attitude morale de nos troupes, on fit avancer dans la plaine quelques escadrons de cavalerie légère qui reçurent aussitôt l'ordre de faire volte face, et de revenir sur leurs pas, comme s'ils eussent été effrayés de la seule présence des armées alliées.

La première colonne russe se plaça en deux lignes, sur les hauteurs de Klein, d'Hostieradeck, et à Aujest, village situé au pied de la montagne, et

baigné par les étangs de Ménitz; les seconde et troisième colonnes se portèrent des deux côtés du village de Pratzen; la quatrième marcha vers Mens-
chaas, traversa la route d'Austerlitz et
prit position sur les hauteurs derrière la
troisième; le corps de réserve du grand
Duc Constantin gagna les hauteurs audelà d'Austerlitz, sa gauche appuyée à
Kzernowitz, et sa droite à la route de
Brünn. Le général Bagration envoya son
avant-garde à Olubitz et à Blazowitz; le
général Kiennayer arriva en avant d'Aujest. Les français semblaient voir tous
ces mouvemens avec la plus froide indifférence, ou plutôt avec l'attitude de
condamnés, qui de leur prison consi-
dèrent, dans le silence du désespoir, les
préparatifs de leur supplice.

Cependant le Chef de l'armée française
parcourut bientôt les différens corps soumis à son commandement, rappelant à
chacun d'eux la devise qui décorait son
drapeau, et les traits héroïques qui or-

naient les annales de ses actions militaires. Bientôt le plus noble enthousiasme
anima nos braves ; des cris belliqueux se
firent entendre de toutes parts : ces soldats qui l'instant d'avant semblaient
frappés de la plus sombre terreur, ex-
altés maintenant par la présence de leur
chef, ne respiraient plus que la guerre
et la victoire.

Le maréchal Davoust reçut l'ordre de
se porter à Reygern, et d'arrêter l'extrême gauche de l'ennemi dans le cas où
une affaire aurait lieu le lendemain, de
l'envelopper si elle était coupée, ou, dans
le cas contraire, de s'emparer des positions de Nicolsbourg, se réunissant ainsi
aux divisions Gudin et Mortier, afin de
placer les Russes entre deux feux.

L'ennemi avait quitté ses premières
positions, et présentait la bataille. Toutes
nos dispositions étaient prises, le brave
général Lannes commandait l'aile gauche
appuyée au *Santon*, forte position où
l'on avait placé de foudroyantes batte-

ries; Soult se trouvait à l'aile droite; Bernadotte occupait le centre et Murat était à la tête de toute la cavalerie. Bonaparte, Berthier et Junot, se placèrent en réserve avec dix bataillons de la garde, et dix autres de grenadiers réunis, sous les ordres d'Oudinot.

Le deux décembre, anniversaire du couronnement de Napoléon, le soleil se leva radieux, et vint éclairer le spectacle imposant de deux armées prêtes à combattre. Les Russes, supposant que notre centre s'était affaibli en cédant à notre aile gauche une partie de ses troupes, descendirent des hauteurs sur cinq colonnes et se présentèrent dans la plaine avec toute confiance; d'autres conjectures qui se trouvèrent également fausses, les engagèrent à se porter sur des points que nous n'occupions pas réellement, ce qui leur fit perdre un temps précieux, dissémina leurs forces, et prépara leur défaite. Le général en chef des Français s'aperçut bientôt de ces premières fautes, et ordonna aux généraux Lannes, Murat et Soult de partir au grand galop pour commencer leurs mouvemens ; s'adressant d'abord à Soult :

« Combien de temps vous faut-il pour couronner les hauteurs de Pratzen ?

— Moins de vingt minutes, répond le Général, car nos troupes sont placées dans le fond de la vallée ; couvertes par le brouillard et la fumée des bivouacs, l'ennemi ne peut les apercevoir.

— En ce cas, dit Napoléon, attendons encore un quart d'heure. »

Ayant ordonné quelques manœuvres préparatoires, et les troupes de Bernadotte gravissant les hauteurs, le Général en chef donna le signal en ces termes :

« *Soldats ! il faut finir cette campagne par un coup de tonnerre.* » A l'instant une canonnade s'engage sur la droite ; les Français placés dans Tellnitz sont d'abord attaqués par plusieurs détachemens d'infanterie et de cavalerie, russes et autrichiens, ensuite par des colonnes considérables, qui sont bientôt repoussées avec perte : le régiment de Széckler qui faisait partie des assaillans est presque entièrement détruit. Ce combat durait depuis deux heures, lorsque l'ennemi reçoit tout à coup de tels renforts, que les Français se trouvent contraints d'abandonner Tellnitz : cependant 400 hommes étant venus se joindre à eux, ils reprirent le village; mais les forces de l'ennemi devenant de plus en plus imposantes, nous reperdîmes encore cette position : c'est dans ce lieu que, pendant trois heures, les nôtres, au nombre de 6000, maîtres d'un défilé, arrêtèrent 45,000 ennemis.

Quittant les hauteurs de Pratzen, les 2e et 5e colonnes russes s'avancent vers Sokolnitz, et s'emparent de ce village après une longue et vive canonnade qui le couvre de ruine; ils s'y précipitent en désordre, et ne songent plus à soutenir les autres colonnes qui se défendent encore vaillamment, mais qui ne peuvent

long-temps résister par leur défaut d'ensemble.

Le centre des Austro-Russes paraît
s'isoler de plus en plus : des masses
françaises destinées à séparer une aile des
alliés qui s'était primitivement avancée
sur un terrain que nous n'occupions pas,
reçoit de nouveaux ordres, et se précipitent sur ce centre : alors le combat
devient général. Le grand Duc Constantin, le général Jean de Lichtenstein,
chargent ensemble la division Keller-
mann, qui, soutenue par l'infanterie
de Lannes et de Bernadotte, fait faire
volte-face à ses troupes légères, passe
dans l'intervalle de ses bataillons, et
l'ennemi essuyant un double feu, rece-
vant une grêle de balles, arrive en désordre sur la cavalerie française placée
en seconde ligne; ces escadrons, commandés par les généraux Caffarelli et
Rivaud, s'ouvrirent également, et prirent
ensuite les Hulans entre deux feux ; en
cet instant les Russes combattirent avec

l'acharnement du désespoir , tombèrent par centaines , et leur général reçut de mortelles blessures.

L'Empereur de Russie , et le Général en chef Kutusow , à la tête de la quatrième colonne ennemie , ayant aperçu une masse formidable de notre infanterie se diriger en avant de Pratzen au moment où l'avant-garde de leur 3e colonne s'emparait de ce village , furent surpris de notre manœuvre et sentirent la nécessité de regagner les hauteurs vers lesquelles marchaient les troupes de Vendame et de St.-Hylaire , ce qui seul pouvait assurer un moyen de salut à cette 3e colonne qui continuait de s'avancer avec la plus grande imprudence. Kutusow venait de recevoir un renfort de quatre régimens de cavalerie; les Français continuaient à marcher à pas lents : une de nos brigades paraît au même instant sur la droite de Pratzen et menace de passer entre la cavalerie du Prince Lichtenstein , et les colonnes qu'elle cherche à rejoindre ; la 4e colonne russe fait soutenir par plusieurs bataillons son avant-garde déjà arrivée sur les hauteurs ; cette avant-garde est repoussée, et abandonne sa position ; en vain les Russes veulent ressaisir le terrain qu'ils ont perdu, les Français marchent sur eux, commencent une fusillade meurtrière, et déployent peu à peu leurs masses sur plusieurs lignes. De nombreux régimens alliés accourent pour soutenir leurs frères d'armes, ils attaquent avec intrépidité les Français qui déjà couronnaient la sommité du plateau. Ceux-ci sont un instant forcés de battre en retraite, et ne reprennent leurs avantages que par la supériorité de leurs manœuvres ; mais de nouvelles forces volent au secours des Russes, toutes les colonnes ennemies s'ébranlent, et fondent sur nous la baïonnette en avant en poussant d'horribles cris. Fermes dans leurs rangs, les Français les attendent, et par des dé-

charges non interrompues de mous-
queterie et d'artillerie, font mordre
la poussière aux premières lignes qui
les approchent; alors les ennemis s'ar-
rêtent dans une sorte d'incertitude: enfin, attaqués à leur tour par les Français devenus assaillans, ils ne peuvent
résister long-temps à l'impétuosité de
nos troupes; ils quittent le plateau,
prennent la fuite en désordre, abandonnent leur artillerie qui, tournée
contre eux-mêmes, vomit la mort dans
leurs groupes épars, rien ne balance
plus la valeur française et le sort de la
bataille est décidé.

Sur d'autres points, d'autres succès
couronnent nos armes; le grand Duc
Constantin abandonne ses positions,
voit des bataillons entiers des siens ren-
versés par notre artillerie, et ne doit
son salut qu'à la vitesse de son cheval.
Le prince Bagration veut attaquer le
Santon fortifié par Lannes, en cas de
retraite; le Général russe ne tarde pas

à gémir de son imprudente entreprise, et laisse en se retirant une partie de sa colonne mutilée sous nos batteries. La cavalerie russe presque encore intacte, mais alors chargée par les généraux Nansouty, d'Hautpoul, Valther, et Beaumont, est renversée de toute part, et ceux qui échappent, en fuite vers Vischau, abandonnent leurs équipages.

Une affreuse catastrophe vint alors nous faire gémir de l'énormité de notre victoire, et rappeler aux vainqueurs d'Aboukir ce terrible moment où dix mille Turcs se précipitèrent dans les flots pour y trouver, avec la mort, l'oubli de leur défaite.

Plusieurs débris de colonnes, et une batterie de cinquante pièces de canon, protégée par quatre bataillons, restes du corps du général Buxhœveden, n'ayant pu se retirer à Aujest, voulurent suivre une ancienne digue submergée, et qui paraissait assez fortement prise par la gelée pour supporter un poids considérable ; les Russes se jetèrent en foule sur la glace qui se rompit l'instant d'après , et engloutit aussitôt hommes, chevaux, voitures, et canons : des milliers de braves soldats périrent ainsi , et leurs adversaires mêmes ne purent soutenir cet horrible spectacle sans donner des larmes à ces victimes de leur dévouement. Cette scène affreuse se reproduisit encore sur les étangs de Menitz que l'infanterie russe , vivement pressée par la nôtre , entreprit de franchir.

Enfin quelques corps ennemis ayant voulu se réunir pour favoriser la retraite du reste, nos troupes descendirent des hauteurs , et par une manœuvre aussi savamment conçue que bien dirigée , leur ôtèrent jusqu'à l'espoir de combattre encore ; de 105,000 hommes, forces bien supérieures aux nôtres, il ne resta plus aux Russes et aux Autrichiens réunis , que de faibles détachemens épars, qui, de moment en moment, tombaient en notre pouvoir. Les résultats de cette bataille furent 20,000 prisonniers, parmi lesquels se trouvaient 15 généraux; 45 drapeaux, 150 pièces de canon; le nombre des tués pour les Russes seulement, s'éleva à plus de 15000. Notre perte ne fut que de 800 hommes tués, et 1500 blessés; différence qui ne surprit aucun millitaire. La paix, bientôt sollicitée par les Empereurs alliés, décida pour le moment de la suprématie de la France sur tout le continent; une partie de l'Italie nous fut soumise; la confédération du Rhin organisée nous assura des alliés contre les puissances du nord; l'Angleterre même trembla pour elle, et perdait peut-être pour toujours son influence sur les Cabinets européens, si les fautes successives de Bonaparte n'eussent détruit plus tard l'édifice dont il venait de poser les fondemens.

Mais il est temps de revenir aux héros de notre histoire, qui pendant cette journée, avaient tous fait des prodiges de valeur; dans une charge qui s'était opéré contre les Hulans, Charles s'était conduit avec une aveugle intrépidité; Georges qui le suivait sans cesse, au milieu du carnage, lui recommandait en vain la prudence.

« Je venge mon père ! » s'écriait le sous-lieutenant, et de nouveaux coups de sabre sur l'ennemi signalaient son approche. Dans une autre circonstance ayant vu St. Paul entouré par des hussards russes, il s'était élancé sur eux, et avait délivré son ami déjà atteint de deux blessures ; plus tard un éclat d'obus l'ayant frappé lui-même à la hanche, et ne pouvant plus supporter les réactions de son cheval, il fut forcé de quitter le combat pour se faire panser; il fallut pourtant que Georges se fâchât pour l'obliger à s'éloigner : ce qu'il ne fit qu'après avoir déchargé ses pistolets sur les fuyards qu'il poursuivait encore.

Les différens corps français, las de

frapper, et ne trouvant plus à combattre, avaient pris position, et s'occupaient de relever leurs blessés sur le champ de bataille. Bernard qui avait échappé au danger de ce jour, ne revoyant ni St. Paul, ni Charles, ni son ami Georges, se rendit à l'ambulance pour y prendre des informations sur ce qu'ils étaient devenus : il apprit que St. Paul avait été dirigé sur Brünn, et que Charles, après s'être fait panser, était retourné vers le lieu du combat ; aucune nouvelle de Georges.

Le soir toute notre armée se livrait à la joie, et chantait sa victoire ; les caves des villages environnans avaient fourni d'abondantes ressources à la gaîté française, et chaque soldat, voyant, dans notre dernier succès, la fin inévitable de la campagne, buvait rasade à l'espérance de revoir sa patrie, et les objets de son affection...... Quel contraste vers l'ennemi !..... cherchant à rallier les misérables débris d'une armée naguères si brillante ; les chefs osaient à peine se montrer à leurs soldats vaincus ; le silence, l'effroi, la mort, régnaient dans le camp des Empereurs.

Charles se trouvait témoin de ce dernier spectacle. De retour au combat, après avoir été pansé de sa blessure, il se dirigeait vers l'ennemi, lorsqu'il vit de loin son ami Georges entouré et fait prisonnier par cinq ou six hussards hongrois. Il voulut aussitôt voler à son secours ; mais un boulet vint atteindre son cheval au poitrail, et il mesura la terre ; pendant qu'il se relevait, les hussards, ainsi que Georges, avaient diparu, et, notre cavalerie ayant opéré un mouvement de conversion, il se trouva seul en cet endroit du champ de bataille. Ayant alors aperçu la monture abandonnée d'un *chevalier-garde* de l'empereur Alexandre, et plus loin le garde-noble lui-même atteint d'une grave blessure, il donna à ce dernier son manteau, s'empara du sien, lui enleva son casque, et lui couvrit la tête de son colback.

« Cet échange, lui dit-il, vous sauvera peut-être la vie, et me rendra mon ami ; tenez, voici ma gourde, vous me la rendrez si nous nous revoyons jamais. » Il monta alors le cheval dont il venait de s'emparer, et prit le galop pour se réunir aux fuyards de l'armée ennemie. Quand ceux-ci s'arrêtèrent, la nuit commençait à répandre ses ombres ; Charles n'avait encore pu joindre les hussards hongrois, ni le dépôt des prisonniers français. Il parcourait lentement le triste camp des vaincus, et, ne pouvant s'exprimer dans le langage des Scythes, il cherchait des troupes autrichiennes pour prendre des informations, bien qu'il parlât fort mal l'allemand, mais alors il était russe ; enfin, ayant rencontré un hussard de Barco, il apprit de lui que les prisonniers français, faits par la cavalerie autrichienne, avait tous été dirigés sur la route de Kosel, dont il lui indiqua le chemin. Il prit de nouveau sa course, et, après une demi-heure, il aperçut un cercle de bivouacs entourant une masse plongée dans la plus profonde obscurité. S'étant approché à trente pas, il mit pied à terre, attacha son cheval à un buisson, et se dirigea vers ces troupes. Les sentinelles, à la faveur de son casque et de son manteau, le laissèrent, sans obstacle, pénétrer dans le cercle des prisonniers, et, dès cet instant, il s'occupa de la recherche de son ami ; mais le plus grand nombre de ces malheureux, étendus sur la terre humide, accablés de chagrin ou de lassitude, étaient livrés au sommeil. Charles pourtant en interroge plusieurs, et n'obtenant aucun renseignement positif, il va se placer au centre de la masse, et appelle Knopf à haute voix. Le Maréchal des logis n'eut pas de peine à l'entendre, il reposait à deux pas de lui.

« Qui m'appelle ? dit celui-ci.

— C'est Charles ; parle bas maintenant.

— Est-il bien vrai? Charles , sous le
casque russe ! que veut dire cela? mille
escadrons !

— Rassure-toi, je n'ai jamais mieux
servi la France que je ne prétends le
faire ce soir. Écoute , Georges : les
russes qui vous entourent sont harassés
de fatigue, et dorment près de leurs feux
comme de vraies marmottes; les sentinelles mêmes veillent à peine. La cavalerie ennemie est campée à plus d'une
lieue de cet endroit; la droite de l'armée
russe ne s'étend que jusqu'à ces hauteurs que tu peux distinguer à un quart
d'heure d'ici et que, dans un instant, nous
pouvons atteindre, ainsi que nos avant-
postes; préviens tes camarades : je vais
m'éloigner de ce groupe et vous donner le
signal par notre cris de guerre; alors
emparez-vous d'autant de fusils que vous
le pourrez, en tombant sur les dormeurs,

et faites face au reste, en reculant vers notre point de retraite. Si tout cela ne réussit qu'à demi, tu vois ce grand sapin à trente pas d'ici, je serai à cette place prêt à te recevoir en croupe : j'aurai quitté alors le casque et le manteau russe. Point de calculs, obéis à ton sous-lieutenant, tu n'as que dix minutes pour prévenir ton monde, hâte-toi. » Georges voulait faire quelques observations à son jeune ami, mais il avait déjà disparu; il ne songea donc plus qu'à se conformer à ses intentions, et dit à plusieurs de ses compagnons de captivité, de faire circuler la nouvelle qu'un détachement de cavalerie française, venait pour les délivrer, et qu'on devait se préparer à le seconder au premier signal.

Le mouvement que produisit parmi les prisonniers l'espoir qui leur était donné, inspira bientôt des soupçons aux sentinelles dont ils étaient entourés; elles commençaient à réveiller un certain nombre des leurs, lorsqu'on entendit tout à coup ces mots, à quarante ou cinquante pas des bivouacs :

Garde à vous ! régiment, en avant ! marche ;..... chargez..... Charles faisait en même temps caracoler son cheval, pour imiter les pas de plusieurs chevaux. La lumière des feux empêchait les Russes de distinguer au loin ; au même moment où leur attention se portait du côté où ils croyaient être attaqués, les Français se précipitèrent sur eux et leur arrachèrent des armes qui servirent aussitôt à faciliter leur délivrance. Charles se transporta sur un autre point et fit entendre d'autres cris : les Russes, se croyant entourés de toutes parts, prirent la fuite vers un petit bois qui se trouvait à peu de distance de leurs feux. Les ex-prisonniers, alors dirigés par le jeune de Belmont, loin de les poursuivre, gagnèrent le point de retraite qui leur était désigné, et, après trois heures d'une marche quelquefois incertaine, et toujours précipitée, ils parvinrent à nos avant-postes, avec lesquels ils demeurèrent jusqu'au jour.

Le lendemain, de bonne heure, Charles conduisit sa colonne, composée de deux cents hommes, au centre du camp français; Georges marchait à son côté, triomphant et rayonnant de joie. Un aide de camp du Général en chef s'étant informé d'où pouvait venir ce singulier détachement, presque sans armes et composé de tous les corps, Georges lui raconta l'action de son sous-lieutenant, et le Général courut en faire son rapport à Napoléon. Le même jour, Charles vit briller sur sa poitrine l'étoile de la Légion d'honneur. Il la reçut au moment où, ayant fait former le cercle à sa troupe, il venait de lire l'ordre du jour, qui se terminait par ces paroles : « Soldats! » lorsque vous retournerez en France, le » peuple vous recevra avec joie, et il vous » suffira de dire : *J'étais à la bataille* » *d'Austerlitz,* pour que l'on réponde : » *Voilà un brave!* »

CHAPITRE V.

Pendant que des pourparlers, sollicités par les empereurs d'Autriche et de Russie, ont lieu entre eux et leur vainqueur, notre jeune Charles est forcé de se rendre à Brünn pour se guérir de sa blessure; arrivé dans cette ville, il apprend que St.-Paul se trouve logé dans la maison qu'il avait occupée à son premier passage, demeure de ces jolies personnes dont il avait remarqué le charmant sourire. St.-Paul était très-souffrant; quoiqu'il fût déjà nuit, Charles voulut, à l'instant même, satisfaire au devoir de l'amitié. Il trouva le Lieutenant entouré des soins de tous les habitans de la maison : M. Frieden, chef de cette famille, lui faisait la lecture, et, tandis que son épouse préparait plusieurs cordiaux près d'un bon feu, les jeunes Demoiselles effilaient de la charpie. Charles vint embrasser son ami, encore alité, et ne put cependant se défendre d'un petit mouvement de jalousie en voyant les égards dont il était l'objet.

« Parbleu ! dit-il à St.-Paul, il faut convenir que vous êtes un heureux mortel : non-seulement vous recevez deux blessures presqu'à la fin de la bataille, mais encore vous avez le bonheur de vous voir soigner par tout ce qu'il y a de plus estimable et de plus aimable en Moravie. Moi, quelle différence ! je n'ai qu'une seule blessure et de vilains hôtes.

—Vous avez raison, mon cher Charles, je dois faire des jaloux. M. Frieden, Mesdames, continua St.-Paul, voilà le jeune officier auquel je dois la vie, et dont je vous ai déjà parlé tant de fois.

—Là ! s'écria la plus jeune des sœurs, ne vous le disais-je pas, Georgina ? je l'aurais parié.

—Silence, Julia, tu vas te faire moquer de toi, interrompit tout bas sa sœur aînée.

— Je suis très-flatté de faire connaissance avec Monsieur, dit à Charles M. Frieden, et, s'il est vraiment un peu jaloux du sort de son ami, il est encore une chambre voisine de celle-ci qu'il pourra occuper pendant son séjour en cette ville.

—Oh! Monsieur, que de bonté! lui répliqua Charles, en lui saisissant la main. J'étais bien sûr que vous étiez un excellent homme, je ne puis pas refuser; je cours faire apporter mes bagages ici : je reviens dans l'instant.»

Charles, saluant à peine, sortit de l'appartement aussi vite que le lui permettait la vive souffrance qu'il ressentait de sa blessure.

«Quel bonheur! dit alors Julia, en sautant au cou de sa sœur; mais le pauvre malheureux! il dit qu'il court, on voit qu'il peut à peine marcher.

— En vérité! interrompit madame Frieden, je crois, Julia, que vous perdez l'esprit; a-t-on jamais vu une demoiselle de quatorze ans s'exprimer avec une telle liberté ?

— En effet, ma fille, ajouta M. Frieden, si tu n'étais pas deux fois plus enfant que ne l'indique ton âge, on serait tenté de te mettre au couvent pour te rendre raisonnable. Vois si ta sœur se conduit de la sorte.

— Ah ! mon Dieu ! vous me grondez toujours ; je ne puis non plus être aussi grave que Georgina qui a quinze ans passés, et qui n'a pas encore ri depuis qu'elle est au monde. Cela n'empêche pas qu'elle n'ait infiniment de plaisir à faire quelque chose qui soit agréable à M. le lieutenant St.-Paul.

— Julia ! reprit madame Frieden avec un ton sévère, vous êtes aujourd'hui d'une inconséquence qui ne vous permet pas de demeurer avec nous : vous m'entendez....... » La jeune personne confuse, s'empressa de prouver qu'elle avait compris l'ordre de sa mère et se retira, suivie de sa sœur qui craignait qu'on ne remarquât la rougeur qui couvrait ses joues. St.-Paul, s'étant emparé d'un journal qui se trouvait sur la table de nuit, feignit de ne prendre aucune part à la petite discussion qui venait de s'élever dans l'intéressante famille, et, rompant enfin le silence qui suivit le départ des deux sœurs :

« Avez-vous remarqué, M. Frieden, ce paragraphe concernant le général Valhubert à Austerlitz?

— Non, Monsieur.

— Ce brave Officier, atteint d'une blessure mortelle, dit aux soldats qui voulaient l'emporter hors du champ de bataille : « *Souvenez-vous de l'ordre du* » *jour. Si vous revenez vainqueurs,* » *vous me releverez après la bataille;* » *si vous êtes vaincus, je n'attache* » *plus de prix à la vie;* près d'expirer, » il reçut avec joie la nouvelle de la vic- » toire, et sa main tremblante écrivit » encore ces mots au Général en chef: » *J'aurais voulu faire plus pour la*

» patrie ; je meurs et ne regrette pas la
» vie, puisque j'ai participé à la vic-
» toire. Quand vous penserez aux bra-
» ves, pensez à moi. »

La conversation s'engagea sur les circonstances politiques qui avaient amené
cette dernière guerre, et on oublia bientôt les étourderies de Julia. Charles étant
revenu, on s'empressa de l'installer dans
la chambre voisine de celle de son ami,
et, comme la soirée s'avançait, chacun se
retira.

L'exercice auquel Charles s'était livré
en allant au secours de Georges, immédiatement après avoir été pansé de sa
blessure, y avait occasionné une inflam-
mation considérable ; il n'avait encore
rien fait qui pût concourir à sa guéri-
on : depuis quatre jours, le premier
appareil avait tenu lieu de tout autre
soin. Lorsque, après avoir passé une mauvaise nuit, le lendemain de son arrivée
chez M. Frieden, il voulut se lever pour
se transporter vers son ami St.-Paul, il

sentit que ses forces ne pouvaient suffire à cette action ; bientôt une fièvre violente acheva de les paralyser. Comme il n'était séparé de son camarade que par une simple cloison, celui-ci l'entendit pester contre son mal, et s'informa de son état.

« Comment vous trouvez-vous, Belmont ?

— Je suis pris, mon cher Lieutenant, je ne puis me lever, et je tremble de tous mes membres. Qu'est-ce que cela veut dire ?

— La fièvre sans doute, il faut envoyer chercher un médecin.

— Est-ce que les demoiselles Frieden ne viendront pas me voir aussi, moi ?

— Je l'ignore, mon ami ; mais leur visite n'est pas ce qu'il pourrait y avoir de mieux pour vous. Je vais envoyer mon domestique vous chercher d'autres secours.

— Vous êtes terriblement égoïste !

vous ne voulez pas, j'espère, les courtiser toutes deux?

— Vous êtes fou ! Charles, il ne s'agit pas de plaisanter, il faut songer à votre santé.

—Vous direz tout ce qu'il vous plaira, j'ai dans l'idée que la présence de Georgina ou de Julia ferait plus que tous les Esculapes de l'Allemagne.

— Eh bien ! mon ami, il est possible que ce calmant ne vous soit pas refusé. En attendant j'enverrai Pierre vous chercher un médecin dont j'ai déjà reçu les bons offices. »

En ce moment, M. Frieden vint s'informer de la santé de St.-Paul qui lui fit connaître l'état de son jeune ami; toute la famille fut bientôt sur pied pour lui offrir ses services.

La fièvre de Charles dura plusieurs semaines presque sans interruption, et la guérison de sa blessure ne faisait aucun progrès; déjà St.-Paul était assez bien pour venir le voir, et réunir ses soins à ceux de la famille de M. Frieden. Les jeunes personnes ne paraissaient plus dans l'appartement du Sous-Lieutenant : il avait éprouvé plusieurs accès de délire pendant lesquels les bons parens avaient cru s'apercevoir que les Hulans et les Cosaques ne l'occupaient pas exclusivement : les noms de Georgina, de Julia, mille fois répétés, leur avaient permis de s'autoriser d'une juste défiance pour mettre leurs filles à l'abri d'impressions peu convenables à leur âge, et pour les préserver d'un délire non moins dangereux que celui qui agitait le jeune de Belmont. Enfin, après deux mois de souffrances, Charles recouvrit une partie de ses facultés ; il ne lui restait plus qu'une extrême faiblesse, qui présageait une longue convalescence.

L'armée française avait presqu'entièrement quitté l'Autriche pour aller prendre des cantonnemens dans les différens états de la confédération. Le régiment de Charles était en Bavière; St.-Paul attendait la guérison de son ami pour rejoindre son étendard, et n'était peut-être pas fâché de ce retard qui le mettait à même de se lier davantage avec la famille Frieden. Il n'avait pu voir avec indifférence la vive et séduisante Julia; à la vérité, il était de dix-sept ans plus âgé que cette aimable personne; mais, dans trois ou quatre années, la différence deviendrait moins sensible, et, en attendant, il pouvait se ménager les bonnes grâces de ses parens! Dirigé par ces pensées, il ne songea pas un instant à abuser des devoirs de l'hospitalité, en cherchant clandestinement les moyens de plaire à l'objet de son choix; seulement, il fit tous ses efforts pour se rendre agréable à M. et à madame Frieden, se conformant à leurs goûts et à leurs habitudes, témoignant le plus grand respect pour tout ce qu'ils avaient en vénération, partageant même jusqu'à leurs idées politiques qui cependant étaient loin d'être conformes à celles que pouvait avoir un militaire français de cette époque. Il parvint donc, sans beaucoup de peine, à gagner la confiance de M. et madame Frieden, auxquels il ne tarda pas à communiquer ses espérances. S'adressant d'abord à madame Frieden, il lui fit observer qu'il était pénétré de l'idée qu'à une mère seule appartient le droit de disposer d'une fille, et que, dans le cas où elle condamnerait ses prétentions, il ne voulait même pas en entretenir son époux. Celle-ci, flattée d'une telle préférence, reçut avec beaucoup de douceur les propositions qui lui étaient adressées pour Julia. Il fut convenu que l'on attendrait que St.-Paul reçût le grade de Capitaine qui lui était promis, que jusque-là on laisserait ignorer à Julia les desseins qu'il avait sur elle, et qu'on entretiendrait à l'avenir une correspondance des plus suivies. A cette condition, madame Frieden promit d'obtenir elle-même le consentement de son mari, et le lendemain tout le monde fut d'accord.

St.-Paul avait cru devoir faire à Charles un secret de ses démarches : son jeune ami avait, ainsi que lui, un cœur et des yeux : il est vrai qu'il ne s'était point encore prononcé sur l'objet de son choix ; il était d'ailleurs probable que celle qu'il distinguait, ne serait pour lui que l'idole d'un culte passager que l'absence effacerait bientôt de son souvenir, mais que le moindre obstacle pouvait y graver en traits ineffaçables. St.-Paul évita donc avec soin toute conversation avec Charles qui eût trait à ses vues. Celui-ci pourtant s'aperçut bientôt qu'on lui faisait quelque mystère, et ne put supposer autre chose sinon que St.-Paul, épris de l'une des jeunes personnes, pouvait être d'acord avec les parens pour épier sa conduite envers elles, et lui ôter tout moyen de s'en faire écouter. Il résolut, en conséquence d'agir à son tour avec toute la

discrétion dont il était capable. Déjà
ses forces commençaient à renaître et
il se/hasardait à parcourir seul le jardin
assez vaste de M. Frieden ; ses promenades n'avaient lieu que dans un instant
avancé de la journée, et jamais il n'y ren
contrait les habitans de la maison ; depuis bien long-temps il n'avait pu contempler les jolies sœurs et il lui tardait
surtout que le médecin lui permît d'assister , avec St.-Paul , aux repas de la
famille , afin de jouir du plaisir de leur
entretien.

Un jour qu'il s'était levé de meilleure
heure que de coutume, il vit, près d'un
massif d'arbustes encore privés de leurs
feuilles , une des jeunes personnes qui
semblait s'occuper de la plantation de
quelques fleurs printanières. Il ne put
distinguer quelle était celle qui s'offrait
à ses regards : toutes deux avaient les
cheveux bruns et brillans , toutes deux
étaient animées de la plus éclatante fraîcheur ; une légère différence seulement

dans leur taille les faisait reconnaître.
Il descendit aussitôt de son appartement
et se dirigea vers l'objet de son attention, qui s'occupait, ainsi qu'il avait
cru le remarquer, d'un travail peu fait
pour la délicatesse de ses jolis doigts :
il reconnut bientôt la mélancolique
Géorgina et s'empressa de l'aborder avec
l'air le plus raisonnable qu'il pût se
donner,

« Eh quoi ! Mademoiselle, occupée
de si bonne heure à de si rudes travaux ?
permettez que je vous aide.

— Non, Monsieur, pardonnez-moi
ce refus ; mais je ne puis accepter votre
secours : si ces fleurs que je sème ne
se reproduisaient pas, je me reproche-
rais plus tard d'avoir confié mes espérances à d'autres mains.....

— N'existe-t-il pas quelque égoïsme
dans cette crainte ? ne redoutez-vous
pas plutôt que je puisse réussir ? et
qu'un jour, en regardant ces fleurs épa-
nouies, vous ne soyez contrainte de

m'associer à votre gloire et de m'accorder un léger souvenir ?

— Quel bien en résulterait-il pour vous ?

— Pouvez-vous me le demander ! est-il donc possible de vous voir un seul instant sans désirer occuper votre pensée ?

— Excusez, Monsieur, je ne suis point accoutumée à de tels discours..... permettez que je me retire.

— Ah ! Mademoiselle, reprit Charles avec véhémence, ne soyez pas assez cruelle pour me priver sitôt du seul bonheur que j'aie éprouvé depuis si long-temps ; ignorez-vous les souffrances que j'ai ressenties ? Eh bien ! elles n'étaient rien, comparées à la douleur que me causerait votre indifférence. Depuis que je suis dans cette maison, tout semble se réunir pour me priver de votre présence ; je n'ai pu vous entrevoir encore qu'un instant, mais c'en est assez pour disposer du reste de ma vie. Si, pendant

cette heureuse maladie qui m'a rapproché de ces lieux, j'ai désiré conserver
mes jours, c'était pour vous les consacrer. Ne refusez pas de m'accorder
quelque pitié, vous me voyez à vos genoux, et je ne les quitterai qu'heureux
de l'espoir que vous m'aurez accordé,
ou décidé à mourir de mes tourmens. »

Georgina tremblante, oppressée, hors
d'elle-même, les joues enflammées, les
yeux humides de larmes, ne pouvait
ni fuir, ni répondre aux discours de son
séducteur ; celui-ci s'était emparé d'une
de ses mains et la couvrait de ses baisers.
Bientôt une voix se fit entendre dans
les bosquets et força de Belmont à renoncer pour le moment à l'aveu qu'il
sollicitait ; s'étant relevé précipitamment ; et Georgina ayant repris ses occupations, ils virent Julia qui se dirigeait
vers eux enchantée d'avoir trouvé une
petite rose du bengal, la première qui
eût paru de l'année dans ce jardin.

« Ma sœur ! ma sœur ! voyez-donc

ce que j'ai découvert!... Ah! M. Charles!... je devine maintenant pourquoi Georgina est si matinale.

— Qu'osez-vous dire, Julia? pensez-vous que ce soit pour rencontrer Monsieur?

— Je m'en garderais bien, cela vous ferait croire que j'en serais jalouse; au reste je ne veux pas vous gêner; je me retire.

—Julia, je t'en prie, demeure avec moi.

— Sérieusement? alors je reste pour désespérer M. Charles.

—Pensez-vous, Mademoiselle, que votre présence puisse produire cet effet? interrompit de Belmont.

— Et serait-il mieux de penser le contraire, Monsieur, reprit Julia d'un air un peu piqué.

—Je ne sais; mais c'est au moins ce qu'il y aurait de plus heureux pour ceux qui jouiraient du bonheur de vous voir.

Pendant que ce dialogue continuait, Georgina avait terminé son travail agronomique et s'était dirigée vers une source d'eau pure près de là, afin de rendre à ses jolies mains leur blancheur naturelle. Charles avait observé ce mouvement, et s'était rapproché de la sémillante Julia, qui n'avait cessé de le tourmenter sur ce qu'elle nommait *l'innocence* de sa rencontre avec sa sœur.

« Ne trouvez-vous pas, ajouta-t-elle, que c'est une chose admirable que le hasard? C'est lui qui, hier au soir, faisait promener ma sœur sous vos fenêtres, et qui, ce matin, vous fait lever trois heures plus tôt que de coutume; c'est encore lui qui vient d'attacher cette terre à votre redingote, précisément en face du genou gauche.

— Cela n'est pas étonnant, j'ai voulu aider mademoiselle Georgina à planter ses fleurs, et alors..... Mais pourquoi ces malicieuses suppositions? Vous savez très-bien qu'hier au soir je n'ai point paru à ma fenêtre, et que je n'ai pu voir ni vous ni votre sœur, depuis plus de huit jours. Vous savez aussi, et mes yeux ont dû vous le dire mille fois, que, depuis l'instant où je vous ai vue, vous seule avez été l'objet de mes plus douces pensées.

— Je ne sais pas cela du tout, Monsieur : je n'ai pas l'art de deviner.

— En douterez-vous encore?

— Oui, tant que je vous verrai, en me parlant, tourner les yeux du côté de Georgina.

— Oh! ce n'est que par la crainte d'en être surpris; si vous voulez même, je vais lui avouer mon amour pour vous, lui dire que vous répondez à ma tendresse, et qu'aussitôt que vos parens y auront consenti, je deviendrai votre époux.

— Mon Dieu! ne vous avisez pas de dire tout cela; elle qui est si raisonnable, et qui veut être mariée la première!

— Ainsi, nous ne dirons pas encore que nous nous aimons?

— Suis-je donc convenue?.....

— Ah! n'allez pas vous dédire, vous me feriez mourir de chagrin; tenez, rien que d'y penser, je crois que la fièvre me reprend.

— Juste ciel! prenez-y garde..... vous tremblez; Georgina pourrait s'apercevoir.....

— Elle vient de partir, ne craignez rien..... Julia! si vous me laissez dans cette incertitude, je vous le répète, j'en mourrai.

—Eh bien! vivez, Charles; mais laissez-moi m'éloigner. Adieu. »

En achevant ces mots, Julia, lui jetant la rose qu'elle tenait encore, et s'échappant comme un trait, disparut bientôt aux regards de son jeune amant.

Charles, enchanté de sa propre conduite, dont il soupçonnait à peine l'inconséquence, continua sa promenade en réfléchissant malignement aux effets de

la défiance de M. et madame Frieden,
et de Saint-Paul.

« Ah ! vous croyez me traiter comme
un enfant ! disait-il en marchant à grands
pas, nous verrons ce qu'il en sera ! J'ai
maintenant cinq pieds deux pouces, je
sais me battre, je puis me suffire : on
dit que j'ai de beaux yeux, une belle
figure; qu'il me vienne des moustaches,
et nous verrons si une seule me résiste! »
Ce fut en continuant ces réflexions qu'il
regagna son appartement.

St.-Paul étant venu lui rendre visite,
vit avec plaisir que ses forces étaient
presque entièrement rétablies; il lui en
fit son compliment, et lui remit une
lettre de Georges, dont voici la copie :

« Mon cher camarade, il n'y a pas eu
» moyen de l'éviter, je suis officier comme
» toi, et, pour comble de malheur, obligé
» de changer de corps; cependant Ber-
» nard est aussi nommé sous-lieutenant
» dans le même régiment que moi : cela
» me donnera du moins le plaisir de

» m'entretenir de mon cher Charles avec
» un brave de sa connaissance. En pas-
» sant à Vienne, j'ai rencontré un homme
» auquel tu dois porter de l'intérêt; il
» loge dans le Grünn-Strass, n° 17 : là,
» demande à parler à un peintre français,
» et fais-toi connaître à lui; il aura beau-
» coup de choses à te dire. Adieu, mon
» ami; je pars pour Bischofsheim où se
» trouve cantonné mon nouveau régi-
» ment : c'est un bourg où l'on fait des
» pélerinages; si la dévotion t'y conduit
» avant que nous le quittions, j'en ren-
» drai grâce aux saints.

» Ton ami, GEORGES KNOPF.

» *P. S.* On m'a dit que tu loges à
» Brünn, dans cette maison où il y a
» deux jolies filles. Ne vas pas t'aviser
» d'être amoureux, cela ne convient pas
» à un houzard. Tu ferais encore plus
» mal si tu trompais l'une de ces deux
» innocentes : il y aurait de l'indignité à
» leur promettre ce qu'il n'est pas en

» ton pouvoir de tenir. Voici mon » adresse, etc. »

Charles fut on ne peut plus peiné, d'apprendre le changement de corps de son cher Georges; il s'était habitué à le considérer comme un second père. Les conseils qu'il en avait reçus, ayant toujours été suivis depuis la bataille de Glaris, lui avaient ouvert la carrière, et facilité ses premiers pas vers les distinctions militaires : enfin, Charles, qui tantôt s'enorgueillissait de ses forces physiques et morales, semblait privé de la meilleure parti de son être, en se voyant réduit à ses seuls moyens. Telle était la situation de son esprit, lorsque St. Paul, interrompant ses réflexions, lui annonça que le Colonel les pressait de rejoindre le régiment sur les bords du Mein, aussitôt que leur santé leur permettrait de supporter les fatigues de la route. Le Médecin étant arrivé sur ces entrefaites, assura de Belmont, qu'avant huit jours il lui serait permis d'entreprendre un voyage, et qu'à compter de l'instant même il pouvait reprendre toutes ses habitudes. M. et madame Frieden, l'invitèrent, en conséquence, à assister à leur repas, et l'espoir de passer quelques instans auprès de ses deux jeunes et charmantes hôtesses, suspendit insensiblement, en lui, les regrets que l'épître de Georges y avait fait naître.

Chaque jour il jouissait du bonheur de les voir pendant une heure ou deux. Le trouble qu'il remarquait dans Georgina, l'intruisait de l'effet rapide qu'il produisait sur son cœur. Julia, plus gaie, plus étourdie et non moins sensible, lui prouvait à son tour, par l'expression de ses regards, le vif sentiment qu'il lui avait inspiré. Mais l'époque de la séparation était fixée, la mélancolie de Georgina s'augmentait à chaque moment, et la tristesse succédait à la joie naturelle de Julia. Enfin, le jour fatal arriva : Julia se leva dès la pointe du jour et se rendit dans un corridor que

Charles devait traverser avant d'aller dans la salle où la famille était réunie pour recevoir ses adieux. L'ayant aperçu, elle se précipita sur son passage :

« Charles ! Charles ! s'écria-t-elle toute en larmes, rappelez-vous la promesse que vous m'avez faite ; soyez constant, je vous attendrai aussi long-temps que vous le voudrez, mais revenez ; songez maintenant que c'est moi qui mourrai si vous êtes trompeur. Embrassez-moi......; adieu. Elle s'éloigna soudain avec rapidité, couvrant de son mouchoir ses joues brûlantes, et laissant Charles en proie à la plus vive émotion.

CHAPITRE VI.

Avant de continuer à rendre compte des aventures de Charles, qui, pour la plupart, ne sont pas très-édifiantes, nous allons revenir à la jeune veuve de Ligneville, que nous avons laissée au pouvoir de son farouche ravisseur.

Plus de dix heures s'étaient passées depuis que Delval avait quitté la grotte pour aller conquérir sur les passans, la subsistance qui lui était nécessaire; et la malheureuse prisonnière commençait à supposer que son persécuteur, victime enfin de ses propres forfaits, était tombé entre les mains des habitans qui avaient contre lui de si justes motifs de vengeance. Qu'allait-elle devenir elle-même, si cet homme pervers ne révélait pas le mystère de sa captivité? une mort lente et cruelle lui était réservée: aucun mortel ne songerait à pénétrer dans ce triste séjour, dans ces sombres profondeurs d'où sa voix ne pouvait être entendue de ceux qui jouissaient de la clarté du jour. Elle était occupée de ces désolantes pensées, lorsque la voix de Delval, la rappelant à d'autres terreurs, lui fit entendre ces mots : « Je ne puis encore me rendre auprès de vous : j'ai des complices dans ces montagnes, qui tous prétendent avoir des droits à votre possession. Il serait possible qu'ils vous cherchassent sous ces voûtes; si vous voulez alors devenir la proie de plusieurs, vous êtes libre de les appeler à votre secours; je vous préviens cependant que j'ai réfléchi à l'inutilité de vous sacrifier à mon ressentiment, et, si vous êtes prudente, je me contenterai des offres que vous m'avez faites : je vous rendrai à la liberté, et, profitant des ressources que vous m'accordez, je fuirai sur une terre étrangère. »

Un profond silence vint succéder à ces paroles; madame de Ligneville adressa quelques mots à celui qui venait de s'exprimer ainsi; mais elle ne reçut aucune réponse.

A peine la traque était-elle commencée, que la neige, tombant à gros flocons, avait recouvert la campagne d'un lit glacé; cet incident ayant favorisé les chasseurs, en leur faisant découvrir la trace des loups, un grand nombre de ces animaux tombèrent sous le plomb meurtrier. Le baron de Gallina, qui s'était déjà vingt fois reproché d'avoir pris part à cette fatigante et dangereuse expédition, mais trop poltron pour s'éloigner de la masse des traqueurs, vit avec joie qu'on commençait à désirer une heure de repos. Il supplia alors Claudin de vouloir bien songer aux gelinottes qui lui étaient promises. Celui-ci ayant fait entendre trois coups de sifflet, plusieurs de ses compagnons vinrent le joindre, et déposèrent devant lui une dixaine de pièces de gibier, au nombre desquelles se trouvaient trois ou quatre de ces espèces de poules convoitées par le Baron.

« T'nez, Monsieur, dit alors Claudin, voilà d'quoi vous satisfaire; mais croyez-moi, r'tournez au château, vous n'êtes pas fait pour l'métier qu' vous v'nez d'entreprendre, et, dans un instant, vous auriez plus d'peine qu' jamais à nous suivre ; car des troupeaux d'loups doivent êtr' maintenant réunis entre nous et les chasseurs des autres cantons, il faudra s'bailler du mouvement pour les atteindre.

M. de Gallina, ayant donné sa bourse aux montagnons, s'empressa de suivre le conseil de Claudin, s'empara du gibier, et se dirigea vers l'habitation qui lui était désignée, aussi vivement que sa marche écarquillée pouvait le lui permettre.

Cependant, accablé du poids de ses provisions et de la neige qui s'attachait à sa chaussure, tourmenté d'un appétit dévorant, il n'avait pas fait un demi-quart de lieue, qu'apercevant une chaumière, il se décida à y entrer pour s'y reposer et pour procéder aux apprêts de son déjeuner ; malheureusement cette demeure, isolée de toute autre, était inhabitée. Il se rappela qu'il pouvait faire du feu, et que, grâces aux assaisonnemens dont il s'était précautionné, il parviendrait à se préparer un rôti qui, s'il n'était pas des meilleurs, n'en satisferait pas moins une faim pressante. Il venait de prendre cette résolution, quand tout à coup il se sentit frapper par derrière d'un coup violent qui le jeta à terre. Il vit alors un homme à longue barbe noire, revêtu d'une longue robe blanche, qui se précipita sur son gibier, le lui enleva ainsi que son fusil, et sortit vivement de la chaumière.

« Au voleur! à l'assassin! cria le Baron, en s'agitant comme un furieux, et cherchant à se relever, ce qu'il ne fit qu'avec des efforts extraordinaires; mais personne ne répondit à ses cris. La frayeur succédant bientôt à la colère, il ne songea plus qu'à quitter cette demeure dangereuse. Il découvrit sur la neige, en regardant au dehors, la trace des pas du ravisseur de ses gelinottes, ainsi que leur direction vers un antre de rocher rapproché de ce lieu. Il reprit sur-le-champ le chemin qui l'avait conduit près de ce repaire, et, la frayeur l'ayant rendu beaucoup plus leste que de coutume, il rejoignit bientôt Claudin et ses compagnons.

« Quoi! déjà de r'tour? lui dit le vieux jardinier avec un peu d'humeur. Avez-vous donc avalé tout c' que nous avions tué pour vous?

— Il est bien question de cela, vraiment! je suis près de mourir d'inanition: j'ai été attaqué, volé, assassiné par un brigand, un moine, un diable, que sais-je, moi! Le fait est qu'il ne m'a rien laissé; mais je connais sa tanière, et si vous voulez me suivre, j'espère qu'il nous rendra mes gelinottes. »

D'après de nouvelles questions qui lui furent faites par les chasseurs groupés autour de lui, le Baron leur en dit assez pour leur faire reconnaître le sorcier, et plusieurs d'entre eux prouvèrent aussitôt, par leur contenance, qu'ils goûtaient peu ses conseils et ne partageaient point son espoir. L'un d'eux, ayant pris la parole, l'assura que ce qu'il avait de mieux à faire était de renoncer à son gibier ; que, dans le cas où il le recouvrerait, il ne pourrait s'exposer à le consommer sans devenir la victime d'un sort que le sorcier jetait ordinairement sur tout ce qu'il touchait.

Le vieux Claudin, appuyé sur son fusil, était enfoncé dans ses réflexions pendant que les autres paysans racontaient tour à tour au Baron différens traits d'adresse et de méchanceté, vrais ou faux, attribués à celui contre lequel il réclamait leurs secours. Le jardinier rompit alors le silence, et gourmanda vigoureusement ses compagnons de leur faiblesse et de leur pusillanimité ; faisant ensuite usage de la croyance qu'ils avaient de ses propres connaissances en nécromancie, il les assura que s'ils voulaient le seconder, avant une demi-heure ils seraient maîtres de l'objet de leur vaine terreur. Enhardis par le ton d'assurance que Claudin avait mis dans son discours,

les montagnons consentirent à le suivre.
Celui-ci ayant ordonné qu'on s'emparât
dans un bois voisin de quelques branches sèches et résineuses, pour éclairer
la caverne, quinze d'entre eux se mirent
en route à la suite de leur chef, guidé
lui-même par le baron de Gallina vers
le séjour ténébreux du prétendu sorcier.
Arrivé près de l'antre, le Baron hésita
d'abord à s'introduire avec eux; mais
enfin la crainte de revoir le bandit lorsqu'il serait seul, l'emporta sur la frayeur
qu'il éprouvait à la vue de son repaire.
La division de chasseurs commandée
par Claudin, étant sous la première
voûte, s'avança autant que le jour pût
l'éclairer; bientôt les montagnons furent
contraints d'avoir recours à la flamme
des branches dont ils s'étaient précau-
tionnés. Ayant découvert différentes is-
sues qui aboutissaient à la principale
avenue de ces détours souterrains, le
vieux jardinier y posa des sentinelles
et divisa le reste de son monde en plu-

sieurs escouades, afin que tous les passages
furent visités au même moment. Le Baron tremblant suivait le groupe le plus
considérable ; un grand silence avait été
recommandé pendant la marche et chacun l'observait avec attention. On aurait
pu remarquer toutefois, que ces hommes, naturellement braves lorsqu'il s'a-
gissait d'affronter de vrais dangers,
n'avaient point, en cet instant, l'attitude
qui décèle une héroïque résolution :
n'avançant qu'à pas lents, s'arrêtant au
bruit le plus léger, les regards inquiets,
l'amour-propre seul empêchait chacun
d'eux de donner le premier un conseil
qui eût été suivi par tous : celui de fuir.
Après une demi-heure, plusieurs des
petits détachemens s'étaient rencontrés
et réunis, bien décidés à ne pas se séparer de nouveau ; les branches dont
ils s'étaient munis commençaient d'ailleurs   à cr à leur fin, et l'extrême fraîcheur de ce lieu s'opposait encore à
l'usage d'un grand nombre : chacun com-

mençait à manifester son inquiétude;
Claudin cherchait à rassurer sa troupe,
mais en vain : il ne pouvait leur communiquer son énergie. Tout à coup on
entendit des plaintes dans l'éloignement,
et un tremblement subit s'empara, sinon du chef, au moins de toute sa petite
armée; un des chasseurs ayant approché son tison enflammé d'un trou qu'il
découvrit dans le roc, aperçut le cadavre d'une femme, et fit un cri qui
acheva de porter l'épouvante parmi ses
camarades : tous ne songèrent plus qu'à
fuir, se heurtant, se culbutant, aban-
donnant leurs armes et leurs brandons
aussitôt éteints qu'ils touchaient la terre;
M. de Gallina fut renversé dans ce désordre, plusieurs de ses compagnons
trébuchèrent sur lui, l'accablèrent de
leurs poids; mais, bientôt relevés, ils sui-
virent en courant un reste de clarté qu'ils
aperçurent encore, et laissèrent le malheureux Baron sans connaissance et
dans l'obscurité.

Un bon quart d'heure s'écoula avant qu'il reprît ses sens ; cherchant à se relever, froissé de toute part, il ressentit bientôt les plus vives douleurs, et ne douta plus qu'il n'eût été vivement étrillé par le prétendu sorcier, pour avoir osé conduire les paysans dans sa demeure caverneuse. Il pensa néanmoins que cet homme mystérieux n'en voulait point à ses jours, puisqu'il en avait été le maître, et qu'il les avait épargnés. S'efforçant du moins de se rassurer par cette réflexion, il se dirigea à tâtons vers le point qu'il supposait être éclairé par le jour ; malheureusement il ne fit que s'enfoncer davantage dans le dédale dont il voulait sortir. Gémissant, et exténué de fatigue, il se rappela qu'il devait avoir dans ses poches un briquet et des allumettes ; il se mit tout de suite à en faire usage, mais son amadou, ayant été légèrement atteint par l'humidité, se refusait à l'action du feu qui s'échappait à grosses étincelles de la pierre. Cependant, frappant toujours, tantôt sur ses doigts, tantôt sur le caillou, il parvint à éclairer les objets dont il était entouré : quelle fut sa surprise lorsqu'il découvrit sur une portion de roche, formant saillie, une petite lampe en cuivre garnie d'une mèche et pleine d'huile.

« Oh ! plus de doute, s'écria-t-il, en communiquant au coton la flamme de son allumette, ce bon sorcier veut me fournir les moyens de sortir d'ici. Mais, que vois-je ! mes gelinottes !.... non, c'est trop de bonté : je vous les laisse, respectable sorcier ! dites-moi seulement, si vous pouvez m'entendre, quel est le plus court chemin pour sortir de vos domaines ; car je ne voudrais pas vous embarasser plus long-temps..... Ah ! je vois bien que vous ne voulez pas répondre à un mortel aussi indigne que moi. Je vais donc suivre mon idée. » Le Baron se préparait à partir, lorsqu'il fut retenu par des accens infiniment plus doux que ceux qu'il devait attendre du terrible négromancien.

« Qui que vous soyez, prenez pitié d'une femme infortunée, captive d'un monstre qui en veut à ses jours.

— Que veut dire cela ? où êtes-vous donc ?....

— Ici, derrière une pierre que sans doute vous pourrez enlever.

— Appartenez-vous à Monsieur le Sorcier ....

— Oh ! bannissez toute crainte : il n'y a rien de surnaturel en ces lieux : si vous n'êtes le complice du plus fourbe, du plus cruel des hommes, vous arracherez à cet affreux séjour, la malheureuse veuve de Ligneville qui implore votre secours.

— Madame de Ligneville !...... je me rappelle qu'hier on était si chagrin de votre disparition, que votre cuisinière même ne savait ce qu'elle faisait...... Mais ne me trompez-vous pas ?..... je crains que vous ne soyez d'accord avec Monsieur le Sorcier pour m'éprouver.

—N'ayez pas une telle pensée ; ouvrez-moi, je vous en conjure : si la magie avait ici quelque puissance, je n'aurais point recours à la prière ; ayez donc pitié de moi.

— Allons, je vais essayer de remuer ce gros bloc qui paraît vous retenir...... Ouf !..... c'est qu'en vérité il y a si long-temps que je n'ai rien pris pour me res-taurer, que mes forces sont presque éteintes. Poussez un peu de votre côté : cette pierre ne bouge pas.

— Voyez si quelque chose ne la fixe-rait pas au rocher.

— Attendez, voilà de la terre glaise à deux endroits, qui paraît être appliquée en guise de ciment, pour cacher un secret;... précisément,.... de grosses che-villes de fer entrent dans le roc et re-tiennent cette fermeture....... elles cè-dent....... nous y voilà ; poussez mainte-nant tant que vous pourrez ;.... êtes-vous forte?...... Ah mon Dieu! j'entends du bruit.

— Fuyez! s'écria madame de Ligneville, fuyez! ou vous êtes perdu. »

Lorsque, par l'effet des plaintes qu'ils avaient entendus et des cris d'horreur échappés à celui qui avait aperçu un cadavre, les paysans, au comble de la frayeur, avaient quitté, en désordre, ces voûtes ténébreuses, affoibli par l'âge, Claudin, incapable d'en arrêter un seul, s'était trouvé, malgré lui, entraîné dans leur fuite. De retour à l'entrée de la caverne que les chasseurs avaient déjà franchie, il les vit épars dans la campagne.

« Finirez-vous par m'entendre, s'écria-t-il avec colère, tas d'poltrons qu' vous êtes? est-c' ben des franc-comtois que j'vois courir d'la sorte? Mais continuez à vous sauver, j'n'ai pas b'soin d'lâches pour me s'conder; j'vois là bas v'nir quelqu'un qui vaudra seul un régiment d'votr' espèce. »

Le curé Morel, monté sur un cour-
sier d'Arcadie, descendait dans ce moment le chemin creux qui conduisait vers
le lieu de cette scène. Les paysans, hon-
teux de leur conduite, s'étaient arrêtés
aux premiers reproches de Claudin, et
se rapprochaient de lui. Plusieurs cependant s'étaient offensés de son discours,
et l'assuraient, avec humeur, que sans
ses cheveux blancs il éprouverait bientôt
le danger qu'il y avait à provoquer leur
bravoure. Ils rejoignirent donc le vieux
jardinier au même instant où, abordant
le bon Curé, il lui racontait le double
sujet de cette réunion. M. Morel, à son
tour, chercha à rassurer la petite troupe,
leur offrit le secours de plusieurs cierges
destinés à son église par les habitans
qu'il venait de visiter, et se dévoua comme
soldat de cette expédition. Des cris de
joie se firent alors entendre parmi les
chasseurs, qui allumèrent les cierges et
reprirent à la file les différentes sinuosi-
tés de la caverne.

Ils parcouraient encore ces détours, sans avoir découvert autre chose que des armes abandonnées et le cadavre de la vieille Perrette, quand tout à coup on entendit distinctement ces mots :

« *Fuyez, ou vous êtes perdu !* »

Une faible clarté qu'ils aperçurent, et qui disparut aussitôt, leur indiqua la direction qu'ils devaient suivre ; ils arrivèrent bientôt vers le baron de Gallina qui, ayant éteint la lampe, s'était accroupi dans un coin ; mais sa masse n'était pas de nature à se cacher très-facilement. Le jardinier, sans le reconnaître, l'aperçut le premier et, le couchant en joue :

« Rends-toi, scélérat ! lui cria-t-il, ou tu es mort.

— Rends-toi, dit en même temps le Curé ; rends-toi, esprit immonde, ou la foudre du Seigneur va te pulvériser !

— Arrêtez, Messieurs !... répondit le Baron, tremblant et pouvant à peine prononcer quelques mots, je ne suis pas un scélérat.

— C'est not' gourmand, reprit Claudin, que diable faites-vous là ?.....

— Claudin ! Claudin ! s'écria alors madame de Ligneville qui, de l'intérieur de sa prison, avait reconnu sa voix, mon cher Claudin ! c'est le ciel qui vous envoie ! arrachez-moi promptement de cet horrible séjour.

— Quel bonheur ! c'est madame de Ligneville ! s'écrièrent le jardinier et le Curé.

— C'est moi qui l'ai trouvée, dit M. de Gallina, rappelant son courage ; il ne s'agit que de retirer cette roche pour délivrer la dame.

— Vite à l'ouvrage, ajouta Claudin, » et la grosse pierre roula à quatre pieds de distance du lieu qu'elle occupait. Notre veuve alors leur tendit les bras, et se trouva bientôt au milieu de ses amis.

Après leur avoir témoigné sa vive reconnaissance, elle les pressa de sortir de ces horribles voûtes qu'elle ne pouvait contempler qu'avec effroi.

Le Curé, le Baron, le jardinier et tout le détachement, accompagnèrent madame de Ligneville à son habitation où ils furent reçus aux acclamations de la plus bruyante joie. Une table fut au même moment dressée dans la grande salle du château ; M. de Gallina, après avoir donné à la cuisinière le gibier qu'il avait eu soin de reprendre, voulut la seconder dans ses travaux. Revêtu d'une veste blanche, du tablier, du bonnet de coton, et armé d'un énorme couteau dans sa gaîne, il se rendit à la cuisine, commença par se quereller avec Marianne sa collaboratrice, et finit par garnir quatre broches et vingt casseroles de tout ce que l'on pût rassembler pour le festin. Deux heures après, on vint annoncer que les convives pourraient se réunir et qu'ils étaient servis. Le Baron débarrassé de son attirail de cuisine, avait remplacé sa première tenue par le frac noir, la culotte de drap de soie et le gilet de percale brodé. Notre aimable veuve, qui à peine avait eu le temps de s'entretenir avec lui, l'invita à venir prendre sa droite à la table, plaça le Curé à sa gauche, et chacun se livra gaîment au plaisir de cette réunion.

Madame de Ligneville semblait avoir repris toute sa vivacité et une partie de sa belle humeur. Lorsque, arrivé au dessert, le Baron, ayant satisfait son heureux appétit, lui raconta, avec toute la véracité possible, les différens événemens de sa journée, elle ne put contenir son hilarité et de grands éclats de rire se communiquèrent bientôt d'un bout à l'autre de la table. Le gentilhomme napolitain fit bonne contenance, et rit lui-même à son tour, en fixant sa charmante voisine avec le même plaisir qu'il avait eu à contempler les gelinottes apprêtées par lui. Insensible jusqu'alors aux traits de l'amour, il ne put voir, avec indifférence, les beaux yeux et l'éclatante fraîcheur de cette aimable dame : il devint donc galant pour la première fois de sa vie.

Son aimable hôtesse, ne reconnaissant dans ses attentions que de la simple politesse, y répondit en l'engageant à prolonger son séjour au château ; le banquet fini, chacun se retira satisfait de la manière dont ce jour s'était terminé.

CHAPITRE VII.

Retournons en Autriche où Robert est conduit, ainsi qu'un criminel, de prison en prison ; traité presque partout avec mépris et une sorte de rudesse qui ne lui rappellent que trop souvent qu'il est accusé d'espionnage, délit que personne ne pardonne. Mené d'abord à Vienne pour y être jugé, il fut de suite transporté dans les forteresses éloignées de la Bohême et de la Hongrie, sans avoir rien pu tenter pour sa justification ; car les succès rapides de nos armées n'avaient pas laissé aux autorités militaires germaniques, le temps de s'occuper d'autre chose que de la défense de leur pays. Mais la conquête de la plus grande partie des Etats de François II, ayant été faite par les Français dans l'espace de deux mois, et la paix étant reconquise par eux dans les champs ensanglantés de la Moravie, Robert avait été ramené dans la Capitale d'Allemagne et aussitôt mis en jugement. Le moment n'était pas favorable à son procès : il arrive souvent, dans des cas semblables, que ceux qui ont été frustrés de leurs espérances, font retomber sur l'innocent les effets de rage qu'ils éprouvent de leurs propres malheurs ; cependant, lorsque les juges eurent ouvert le paquet contenant les papiers qui lui avaient été confiés par Georges, il lui fut permis d'appeler le Comte en témoignage ; et

Durand ayant fait usage du crédit toujours croissant de madame de Winter,
on obtint enfin qu'il serait rendu à la liberté.

A la suite de la première et dernière
audience de cette affaire, M. de Surville
et son ancien piqueur avaient emmené,
comme en triomphe, l'objet de leur
commune sollicitude.

« Je vous revois donc libre, mon cher
Robert ! s'écria le Comte avec transport,
lorsqu'ils furent tous réunis dans sa modeste demeure.

— Votre joie ne peut égaler la mienne,
M. le Comte ; nous avons beaucoup sou-
fert l'un et l'autre depuis notre séparation, et ce moment est sans doute d'un
heureux présage : il doit annoncer la fin
de nos tourmens.

— Je n'ose encore l'espérer : le Chef
du Gouvernement français paraît s'af-
fermir chaque jour davantage par ses
nombreuses et brillantes victoires ; la
France le révère comme son libérateur,

sans prévoir qu'elle deviendra la victime de son despotisme.

— Il est vrai, M. le Comte. qu'il ne faut pas attendre un nouvel état de choses pour retourner au sein de votre patrie, au milieu de ceux qui n'ont pas oublié leur bienfaiteur, auprès d'une fille dont les douces vertus vous consoleront de la perte des titres et des biens qu'on vous a ravis. Ah ! ne vous livrez pas plus long-temps à de vaines espérances ; mais venez jouir avec nous du bonheur qui vous est offert. Peut-être vous sera-t-il un jour permis de ressaisir les dignités qui vous appartiennent ; déjà plusieurs familles ont associé leur fortune à celle du nouveau conquérant, et jouissent en ce moment d'une puissance égale à celle qu'ils avaient perdue..... Je vous en conjure, M. le Comte, ne soyez pas plus long-temps victime de votre dévouement. Qu'ont fait pour vous ces étrangers qui promettaient de rendre à la noblesse française et à ses princes légitimes l'héritage , le pouvoir, qu'ils tenaient de leurs ancêtres? Divisés entre eux , les Rois du continent n'ont encore combattu que pour leurs intérêts personnels, pour agrandir leurs États ou pour les garantir de l'influence républicaine. Dans quels traités signés par eux jusqu'à ce jour a-t-on vu des réserves favorables au retour de l'antique dynastie de nos souverains?..... tous d'accord sur un principe : l'égoïsme les conduit, et l'héritier du trône de France est abandonné aux seules ressources de sa philosophie. Cédez donc à mes prières , et songez que vous ne trahissez point les intérêts de votre Prince , en satisfaisant aux vœux de la nature : mademoiselle de Surville réclame votre appui.

— Vous vous trompez, Robert : le bonheur ne saurait être pour moi où je goûtai jadis tous les charmes de l'existence. Vous ignorez le chagrin qu'entraîne avec lui le souvenir des biens qui ne sont plus, surtout lorsque chaque objet qui s'offre à nos regards, vient nous en rappeler la perte. Ici, je puis souffrir, mais rien ne m'humilie; je vis ignoré, presqu'insensible à tout ce qui m'environne, et quelquefois même, aussi satisfait que fier de cet exil où je fus condamné par suite de ma constance et de l'honneur attaché à mon nom; je trouve dans la cause de mes maux une satisfaction intime. Vous parliez de mon légitime Souverain : me sera-t-il permis de me plaindre si je songe un instant aux douleurs que dût éprouver son cœur paternel à la vue de la France déchirée par les factions, de sa famille traînée sur les échafauds? Quels tourmens doit-il éprouver en voyant son peuple voler lui-même à sa propre perte? Irai-je augmenter le nombre des esclaves d'un usurpateur? moi, le comte de Surville!..... Sans doute je regrette le pays qui m'a vu naître, mon cœur s'élance encore vers ces riantes contrées où j'ai passé ma jeunesse, où je me vis

entouré des égards et des hommages
d'une excellente population : qu'y trou-
verais-je aujourd'hui ? l'isolement, l'indifférence et l'obscurité ! Je reposerais
sous un toit, seul asile d'un ami, tandis
que le possesseur de mes biens, affichant
une insolente splendeur, ferait parvenir,
jusque dans ma solitude, le bruit de ses
fêtes et le récit des traits de sa munifi-
cence. Je ne pourrais contempler une
seule propriété, sans qu'elle me rappelât
l'ancienne puissance de ma famille, et
son humiliation présente. Non, Robert,
non, je ne céderai point à vos désirs : les
idées de félicité que vous me présentez
ne peuvent être d'accord avec mes principes, avec les sentimens qui doivent me
guider. Mais cependant je n'ai pas perdu toute espérance : des jours plus heureux renaîtront encore pour moi, n'en
doutez pas, il ne faut que de la persé-
vérance, et j'en aurai. »

Robert connaissait trop M. de Surville, pour tenter d'avantage de le détour-

ner de sa résolution. Durand, qui les avait écoutés, tant par respect pour son ancien maître, que par la certitude que ces avis seraient peu goûtés, ne s'était permis aucune réflexion, et la conversation devint, pour un instant, absolument insignifiante : il tardait néanmoins à l'amant de Thérèse de s'entretenir avec le Comte du sujet principal de son voyage. Le départ de Durand pour la campagne de madame de Winter, le lui permit enfin; présentant alors à son premier protecteur les papiers qui lui avaient été remis par Georges, et dont les juges, qui venaient de les lui rendre, avaient brisé l'enveloppe, il le pria de vouloir bien lui accorder un instant d'attention.

« M. le Comte, je connais et je sais apprécier toutes les bontés dont vous m'avez comblé jusqu'à ce jour; isolé dans ce monde, vous m'avez tenu lieu de tout; vous avez soigné mon enfance, formé ma jeunesse, prévu les besoins de mon avenir, vous avez enfin, comme le meilleur père, acquis des droits sacrés à mon amour, à mes respects et à ma reconnaissance. Vous serez peut-être surpris qu'après tant de bienfaits, j'ose entreprendre de forcer votre confiance en vous priant de m'accorder un aveu qui doit mettre le comble à tout ce que vous avez fait pour moi. »

Il lui fit part ensuite, sans omettre aucune circonstance, de sa rencontre avec mademoiselle Delval, des sentimens mutuels qui les unissaient l'un à l'autre, des soupçons qui lui avaient été suggérés par le curé Morel et le maire Durand : que l'un des proches parens du Comte devait être l'auteur de ses jours ; des dernières révélations de Georges avant son départ de la Franche-Comté, et enfin le pria de lui révéler le mystère de sa naissance, quel qu'il pût être.

M. de Surville, hésitant de répondre à cette question, lui demanda un instant pour prendre connaissance des papiers qui lui étaient remis, et, après les avoir parcourus avec attention, il satisfit Robert par ce discours.

« Je vois, mon ami, qu'il serait inutile de vous cacher plus long-temps un secret que cependant il m'est pénible de vous découvrir; mais je dois obéir aux dernières volontés de votre père.

Vous avez maintenant assez d'expérience pour savoir qu'il est peu de familles qui puissent, avec une égale reconnaissance envers le Ciel, s'applaudir des sentimens et de la conduite des membres dont elles se composent : les uns paisibles, livrés de bonne heure à de sages méditations, semblent montrer dans leur adolescence toute la solidité de l'âge mûr; tandis que les autres, nés avec des passions fougueuses, se livrent sans frein aux caprices de leur esprit, aux penchans qui les dominent : tel fut votre père, tel était le marquis de Surville!.... Pardonnez ma faiblesse, j'aurais voulu, malgré l'estime que vous m'inspirez, vous cacher éternellement un mystère qui, s'il ne vous donne, par les lois, des titres au nom de mes ancêtres, vous accorde des droits imprescriptibles à ma protection. Oui, Robert, enfant d'une femme séduite et délaissée, vous serez toujours à mes yeux le fils de mon frère. Voici votre extrait de naissance : le marquis de Surville vous transmit un nom qui se rattachait à la propriété d'une terre qu'il possédait en Normandie ; cette terre fut ensuite vendue à un ancien négociant qui, de l'aveu de votre père, en conserva le prix pour le faire valoir en votre nom jusqu'à ce qu'il soit réclamé par vous à votre majorité, ou par son second fils si vous mouriez sans postérité. Voici l'acte qui vous en constitue la créance ; il fut fait quelques mois avant l'arrestation du Marquis qui, traîné dans les prisons de Paris, ne dût qu'au hasard d'échapper aux exécrables septembriseurs..... Par suite de son inconséquence habituelle, mon frère, après la mort d'une seconde épouse, changea de nom, et prit du service dans les armées républicaines; tout vous est expliqué maintenant. Votre âge vous rend le maître absolu de vos actions; si vous croyez cependant devoir me consulter dans les différentes circonstances de votre vie, cette condescendance sera la meilleure preuve que mon neveu m'a pardonné les tourmens que mon silence et ma faiblesse causèrent à Robert.

— M. de Surville, mon digne bienfaiteur! dit Robert en tombant aux pieds du Comte, pouvez-vous penser que mon cœur soit jamais accessible à d'autres sentimens envers vous qu'à celui de la plus tendre reconnaissance?

— Venez donc dans les bras de votre oncle, mon cher neveu. »

Après s'être donné de mutuelles assurances d'une sincère amitié, ils s'entretinrent de l'union projetée avec l'aimable Thérèse; Robert parla avec tant de feu des qualités et des vertus touchantes de son amie que, malgré les traits de barbarie de Delval, le Comte ne put se refuser à honorer cette alliance de son approbation.

Il fut convenu que Robert repartirait aussitôt pour la France; et, deux jours après, chargé de dépêches pour mademoiselle de Surville et pour le père de Durand, il reprit la route des frontières du Rhin.

Les temps ne sont point assez reculés pour qu'on ait oublié que, pendant ses conquêtes et dans tous les pays habités par ses troupes, Bonaparte traînait à sa suite une police vingt fois plus sévère et plus active que celle qui exerçait sa surveillance au sein de la capitale. Arrivé à Stutgard, où plusieurs corps français étaient encore rassemblés, Robert fut abordé par deux hommes qui, lui ayant montré une médaille attestant leur pouvoir inquisitorial, lui demandèrent l'exhibition de ses papiers; il ne fit aucune difficulté pour les satisfaire; ce qui pourtant ne les contenta pas entièrement ; car l'un d'eux, après avoir visité son portefeuille, fouilla les poches de ses vêtemens, et trouva un agenda, contenant les lettres adressées à mademoiselle de Surville et au maire Durand.

« C'est au mieux, dit-il à son compagnon, je ne m'étais pas trompé : un espion du comité secret de Vienne, voilà des noms qui me sont connus, j'ai quelques raisons de me les rappeler ! mais Gift n'est pas mort, ils auront sujet de se souvenir de lui, à leur tour. Puis s'adressant directement au voyageur surpris : Vous aurez pour agréable, Monsieur l'émissaire, de nous suivre chez le capitaine de gendarmerie, qui vous donnera une feuille de route convenable à votre mission. »

Cette scène se passait dans une auberge habitée par beaucoup de militaires ; toute résistance de la part de Robert, n'aurait eu d'autres suites que d'accroître le soupçon qui semblait planer sur lui ; il obéit donc à l'injonction qui lui était faite, et suivit les deux alguasils français ou francisés, chez le commandant de la gendarmerie, qui se trouvait absent. Les autorités civiles de la police suppléèrent à cet inconvénient, et délivrèrent un ordre, en forme, de conduire le prisonnier dans un château-fort situé à quelques journées de là, dans les états confédérés. Robert, au désespoir, avait fait de vains efforts pour obtenir justice ; on s'était montré sourd à ses prières comme à ses menaces, et il se voyait contraint de céder à la force.

Avant de partir de Vienne, il avait écrit à Thérèse l'heureux résultat de ses démarches ; il l'engageait à sortir de la maison de St.-Louis, et à tout disposer pour leur prochaine union. Qu'allait-elle devenir en apprenant son sort? lui serait-il même permis de le lui faire connaître? Objet de la défiance de ceux qui l'entouraient, les membres chargés de liens, on lui refusait jusqu'à la douceur d'être seul : pendant le voyage et les heures de repos, un gendarme, placé près delui, observait ses moindres mouvemens et lui défendait la plus simple question aux êtres les plus indifférens. Après quelques jours de marche, il arriva dans la prison d'état qu'il devait habiter jusqu'à ce qu'il plût aux autorités commises à la connaissance de ces sortes d'affaires, de prononcer sur son sort. Il fut relégué dans une chambre d'environ six pieds carré, au cinquième étage d'une tour formidable; un trou, entouré de fer et sans vitres, pratiqué dans le mur, lui communiquait la lumière; une botte de paille devait lui servir à la fois de lit et de chaise; une cruche pleine d'une eau blanchâtre, un pain de munition, étaient la seule subsistance qui lui fût réservée. Le malheureux Robert se livra d'abord au plus violent désespoir, se meurtrit les mains, comme un enfant, contre les murs de son cachot, et ne

dut le retour de sa raison qu'à l'abondance de ses larmes; peu à peu la fatigue
vint calmer cette agitation, et le sommeil suspendit enfin le sentiment de ses
peines.

Il passa plusieurs semaines encore
dans une situation désespérante, ne
voyant personne que le porte-clef qui,
suivi d'un soldat, lui apportait sa ché-
tive pitance, et qui ne répondait jamais
un seul mot aux questions qui lui étaient
adressées par les prisonniers.

L'officier qui commandait en ce château, homme très-sérieux, froid hollan-
dais, qui s'occupait plutôt de la sûreté
des geôliers, de la solidité des grilles,
des verroux et des portes, que des souffrances des malheureux soumis à sa surveillance, n'avait pas visité les prisonniers pendant tout le temps de son
service en ce lieu; mais il venait enfin
d'obtenir un emploi d'un ordre supérieur dans une autre maison de détention. Il fut provisoirement remplacé par

un lieutenant d'infanterie, dont le régiment se trouvait cantonné dans les environs. La première action du nouveau commandant fut de s'assurer, sur le registre d'écrou, du genre de délit attribué à ses prisonniers; il se transporta ensuite près de chacun d'eux, s'informa de leur besoins, s'occupa de la salubrité de leurs demeures, et prit des mesures pour qu'ils pussent, plusieurs ensemble, à différentes heures du jour, prendre, dans une vaste cour du château, l'air et l'exercice qui devaient éminemment concourir à la conservation de leurs forces et de leur santé. Les questions que le lieutenant avait faites à Robert, dans sa première visite, et auxquelles celui-ci avait répondu avec sa franchise accoutumée, lui avaient d'abord été dictées par un sentiment de philanthropie qui devint bientôt un intérêt exclusif en faveur de son prisonnier; il le revit souvent, voulut connaître toute son histoire, et, pour l'encourager à cette confiance, il lui fit lui - même, le récit des principales époques de sa vie. Entraîné volontairement au service militaire par l'exemple d'un frère aîné, il y était entré comme simple soldat; devenu sous-officier, les deux dernières campagnes lui avaient mérité son grade actuel; ce qui surtout lui causait une très-grande joie, c'était d'apprendre, par une lettre nouvellement reçue, que son frère venait également d'être nommé sous-lieutenant dans un régiment de cavalerie.

« Tenez, mon cher Monsieur, lisez la lettre de ce brave garçon, ajouta-t-il, et vous verrez comme on agit et comme on pense dans ma famille. »

Robert, plutôt par condescendance que par curiosité, parcourut rapidement la lettre qui lui était confiée; mais quelle fut sa surprise, lorsqu'il lut la signature de Georges Knopf !

« Est-il possible ! quoi ! vous êtes le frère de ce généreux et brave militaire ?

de l'homme du monde auquel j'ai le plus d'obligations ! Je bénis le ciel qui m'accorde encore ce moment de bonheur : je pourrai du moins m'entretenir sans crainte avec vous des maux qui m'ont accablé depuis long-temps. Vous verrez, par ce récit, combien je dois de reconnaissance à votre digne frère. »

Le lieutenant, ayant conduit Robert dans son appartement, fit apporter une bouteille de vin du Rhin, deux verres, des *tsvie bach's*, espèces de gâteaux du pays, et pria ensuite son prisonnier de commencer le détail de ses aventures, ce qu'il fit sur-le-champ. Comme il n'omit aucune circonstance qui pût donner du relief aux actions du brave Georges, deux heures s'étaient écoulées, et deux bouteilles se trouvaient vidées, avant qu'il fût arrivé à la fin de son récit. Il racontait avec quels soins Georges s'était occupé, depuis la mort de M. de Belmont, de l'enfance et de l'éducation du jeune Charles : le lieutenant l'interrompit alors pour s'informer s'il n'était pas parent de Charles.

« C'est mon frère, répondit Robert avec émotion.

— Cela se trouve au mieux, ajouta Fritz; car, d'après ce que j'ai su par une lettre de Knopf, mon aîné, il est certain que, sans ce bon petit garçon, j'aurais été fusillé, il y a bientôt six ans, dans les montagnes des Grisons; en conséquence vous voyez que, pendant mon séjour au château, s'il m'est permis d'adoucir un peu votre sort, je serai encore loin de m'acquitter de l'obligation que j'ai à mon tour envers votre famille. Mais continuez votre histoire, voici justement une troisième bouteille que nous boirons à la santé des absens. »

Dès cet instant, le commandant et son prisonnier ne se quittèrent plus; Robert obtint la permission d'écrire à Thérèse, et, dans la crainte que sa lettre ne fût interceptée, un paysan, auquel on procura un passe-port en bonne forme, fut chargé de faire le voyage en Franche-Comté, et de rapporter une réponse.

Après avoir fait connaître à son amie l'événement qui le privait de sa liberté, sa rencontre avec le frère de Georges, et le peu d'espoir qu'il avait d'un prochain élargissement, Robert lui écrivait qu'il désirait, dans le cas où elle aurait quitté la maison de Saint-Louis, ainsi qu'il le pensait, d'après les conseils de sa précédente lettre, qu'elle tâchât d'habiter jusqu'à son retour, auprès de madame de Ligneville, soit dans le domicile présent de cette dame, soit dans le pays de Caux, où elle avait depuis long-temps l'intention de se rendre. Il l'autorisait en outre à prendre sur sa fille adoptive toute l'autorité d'une mère; à la placer dans tel ou tel autre pensionnat qu'elle trouverait convenable, pourvu qu'il soit rapproché de la retraite qu'elle-même aurait choisie : il terminait sa lettre par les assurances vingt fois répétées d'un amour éternel.

Le paysan, chargé de ce message, arriva à la maison du clos; il y trouva tous les habitans livrés à la plus morne tristesse, répondant à peine aux premiers mots de mauvais français qu'il leur adressait; mais lorsqu'on put comprendre qu'il arrivait d'Allemagne, et qu'il était porteur d'une lettre pour mademoiselle Delval, toute la maison retentit des cris de joie, et on l'introduisit vers Thérèse, alors seule dans son appartement.

La lettre qu'elle ouvrit avec une agitation difficile à décrire, fut loin de mettre un terme à ses chagrins : étouffée par ses sanglots, elle s'enferma dans sa chambre, relut encore ces cruels détails, et s'abandonna au plus douloureux désespoir. On fit bientôt prévenir madame de Ligneville de la situation de son amie, et, une heure après, accompagnée du baron de Gallina, elle arriva dans l'habitation de sa chère Thérèse.

« Qu'est-il donc arrivé, ma chère Augustine ? pourquoi ces pleurs ? ce désordre dans vos traits ? qui peut vous causer un tel égarement ?

— Lisez cette lettre, s'écria Thérèse, et ne m'interrogez pas : je ne puis parler ; …. je me sens mourir. »

Thérèse, en effet, tomba sans connaissance ; rappelée à la vie par les soins qui lui furent prodigués, elle ne revint à elle-même que pour gémir plus amèrement encore.

Cependant madame de Ligneville avait parcouru la lettre de Robert, et cherchait à ramener le calme et l'espérance dans le cœur de sa malheureuse compagne.

« Rassurez votre âme, ma bonne Augustine, la détention de notre ami n'a pour motif qu'un simple soupçon qui n'est appuyé d'aucune preuve, son innocence sera bientôt reconnue : il nous sera rendu.

— Non, non, je suis née pour le malheur, et j'entraîne avec moi tous ceux qui s'attachent à ma funeste destinée.

C'est pour moi que naguères vous fûtes la victime d'un malheureux qui ne me donna la vie que pour me vouer à l'infortune : c'est pour moi, c'est pour unir son sort au mien, que le plus vertueux, le plus tendre des hommes, gémit en ce moment dans une horrible prison : peut-être succombera-t-il sous le poids d'une accusation infâme, et c'est moi qui l'aurai tué ! mais il ne mourra pas seul ; j'irai le joindre, je saurai m'affranchir de vains préjugés ; je deviendrai son épouse au sein même du cachot qui le renferme ; je partagerai sa captivité ou son tombeau...... Madame Germain, continua-t-elle avec véhémence, disposez tout pour notre départ, nous suivrons le porteur de cette lettre ; qu'on ne cherche point à me détourner de cette résolution : elle est inébranlable : si je ne pars à l'instant, je meurs. »

Madame de Ligneville, avec la plu grande douceur, employa auprès de Thérèse tous les raisonnemens que lui inspirait l'amitié, mais ne put obtenir autre chose d'elle, sinon qu'elle retarderait son départ jusqu'au lendemain.

CHAPITRE VIII.

Après la célèbre bataille d'Austerlitz, le grand Empire germanique avait été dissous : la paix de Presbourg faisait reconnaître les rois de Bavière et de Wurtemberg ; Venise , le duché de Parme et de Plaisance, Gênes et la Toscane, réunis au royaume d'Italie , se trouvaient sous la domination de Napoléon : enfin l'Empereur d'Allemagne n'était plus que le souverain de l'Autriche, et ne conservait une existence politique que par suite de ses nombreux sacrifices. L'Angleterre était frustrée dans ses espérances : ses troupes avaient été honteusement chassées de Naples ; les ports de la Germanie étaient fermés à ses vaisseaux , et la Baltique interdite à son commerce ; tout tendait à réaliser contre elle le système favori du gouvernement français : le blocus continental.

La Prusse qui, depuis quatorze années, après de nombreuses défaites, s'était isolée, quant à ses intérêts, des autres puissances ennemies de la France, avait été contrainte de signer un dernier traité, et d'adhérer à toutes les conditions imposées par le conquérant; mais elle déguisait mal son mécontentement. Son roi, Frédéric Guillaume, ne pouvait voir, sans de justes inquiétudes, ses États entourés presque de tous côtés par des troupes amies ou vassales de la France. Notre attitude menaçante le laissant sans garantie contre nos agressions, il envahit la Saxe, demanda l'évacuation des troupes françaises de tous les États allemands, la libre formation d'une ligue du Nord en opposition avec nous et les États de la Confédération du Rhin, et la séparation de Wesel de l'Empire français;

enfin nous devions nous regarder comme en état de guerre avec la Prusse, si ces conditions étaient rejetées : elles le furent.

Des ordres sont donnés pour une nouvelle campagne : on renforce les garnisons de la Wétéravie; Venloo, Maëstricht sont réparés et approvisionnés; la Hollande est mise en état de défense contre toute surprise des Anglais, instigateurs de cette guerre; et l'armée française prend la route de Prusse.

Le régiment de Charles dut quitter ses cantonnemens pour se porter en avant. Cette nouvelle fut pour notre jeune officier beaucoup plus agréable qu'on ne pourrait le penser : maintes aventures l'avaient rendu célèbre dans un rayon de cinq à six lieues autour de ses cantonnemens; les fastes de la galanterie s'étaient emparées du récit de ses aimables extravagances, et chacun, depuis son départ de Brünn, semblait se complaire à les publier. La paysanne coquette, la brillante châtelaine, toutes les femmes

capables de fixer l'attention, avaient eu
part à ses hommages; il était devenu un
objet de défiance, de terreur même pour
les pères et les maris. Étourdi, léger,
extravagant, toujours gai, plein de pré-
somption, il possédait toutes les qualités
qui peuvent réussir près des belles, et
n'avait à se plaindre que de la faible ex-
tension du théâtre offert à ses amoureux
exploits. Les femmes qui surtout s'atta-
chaient plus particulièrement aux beau-
tés extérieures qu'aux qualités morales,
ne pouvaient guères se défendre des at-
taques de notre jeune héros; rien n'éga-
lait la beauté mâle et régulière de ses
traits : sous un front large, orné de grosses mèches de cheveux bruns tombant
au hasard, de grands yeux à fleur de
tête, exprimaient tour à tour ou les plus
vifs désirs, ou la plus tendre langueur;
son nez à la romaine surmontait une
bouche tout-à-fait française, et dont la
plus jolie femme de Paris eût ambitionné
les perles intérieures. Son teint, bien

que bruni par le soleil, n'offrait, avec la fraîcheur d'une jeune fille, que cette différence qui doit distinguer notre carnation de celle d'une petite maîtresse. Sa taille était au-dessus de la moyenne, et ses formes rappelaient celles du dieu des arts ; enfin Charles devait faire tourner les meilleures têtes, et subjuguer les plus indifférentes. Telle était aussi sa situation, qu'à l'ouverture de cette campagne, accablé de ses triomphes, il désirait ardemment changer de garnison, afin de se débarrasser des soins particuliers qu'exigeait le grand nombre de ses conquêtes ; d'ailleurs il ne connaissait pas la Prusse, et, comme les militaires de cette époque, il était assuré d'avance qu'un pays attaqué par nous, était un pays conquis ; il se voyait déjà vainqueur dans Berlin, consolateur des veuves de ses ennemis, se livrant de nouveau à tous les charmes de l'inconstance.

Nous entendons nos lectrices se récrier contre une pareille conduite ; nous accuser de présenter à leur regards un fat tel que le jeune de Belmont, un être indigne de leur inspirer le plus léger intérêt; trop heureux d'exister dans un temps où les Cours d'amour ne sont plus en permanence, et dont un bon boulet de canon devrait faire justice à la première affaire..... Un moment, Mesdames, ne vous pressez pas trop de sacrifier ce pauvre jeune homme : il a été élevé dans les bivouacs; ses amis ne se sont guères occupés que de lui apprendre à manier les armes, à parler un peu sa langue, à débrouiller la théorie de la guerre, à dessiner quelques plans de redoutes, à raisonner tant bien que mal sur l'histoire et la géographie : on n'a que peu songé à lui inculquer des principes de sagesse et de moralité. Son cœur est pourtant bon et sensible, il peut encore se former à la vertu, il ne faut que le diriger vers elle; mais à Brünn, St. Paul a perdu une partie de sa confiance, et ses conseils n'arrivent

plus à leur but: Georges n'est pas auprès de lui; il n'est entouré que de jeunes
militaires dont il s'honore d'égaler la
valeur au combat, et dont il veut sur-
passer les folies pendant la paix. Il fait
d'ailleurs l'amour avec la morale de la
guerre, persuadé qu'il y a pour celles
qu'il poursuit, autant de moyens de résistance qu'il peut en exister, en sa faveur, pour les vaincre; il pense en
outre, chose affreuse! et dont nous es-
pérons qu'il se corrigera, que celles qui
l'écoutent avec complaisance, sont aussi
heureuses de le croire qu'il est lui-même
satisfait de les persuader, et qu'avec la
certitude d'être trompées elles n'agiraient
pas autrement. Le temps seul peut détruire en lui cette erreur grossière; en
attendant accordons-lui un peu d'indulgence: quand la raison arrive à pas lents,
ses progrès se font mieux sentir, et sa
puissance n'en devient que plus solide
et plus durable.

Lorsqu'on sut dans les cantonnemens

du régiment de Charles , que cet inté-
ressant cavalier allait quitter la contrée,
pour voler à des exploits d'une autre
genre, les billets arrivèrent par dou-
zaines à son logis : il était prié de ne
point partir sans revenir au château de
celle-ci, de ne point s'éloigner sans re-
paraître dans le parc de celle-là ; une
autre lui assignait le bois le plus voisin
pour y recevoir ses adieux ; une quatrième lui envoyait un bracelet de ses
cheveux avec cette devise gravée sur le
clavier : *De loin, comme de près ;* une
cinquième lui faisait parvenir une bourse
tissue par elle, ornée de pensées et de
germandrée, *forgis-meinicht, ou ne
m'oubliez pas ;* une sixième lui adressait son portrait, en lui écrivant ces mots:
Il sera bien plus heureux que moi.
Enfin toutes les infortunées qu'il avait
faites, cherchaient par quelques moyens
à s'éterniser dans son souvenir, et son
porte-manteau ne pouvait suffire aux
récompenses de ses séductions; cepen-

dant cet ingrat ne fit droit à aucune des demandes qui lui étaient adressées, ne se rendit pas à un seul rendez-vous. Il passa le temps qui lui restait, à examiner ses armes, à faire réparer son équipage de guerre, et à parcourir sur la carte le pays où bientôt il exercera sa vaillance.

Le roi de Prusse occupait la Saxe, et pour punir ce Royaume d'avoir été fidèle à ses engagemens envers la France, il le contraignait à lui fournir des subsides et des soldats. La Hesse fut aussi forcée de s'unir au Cabinet de Potsdam, qui réunit ainsi une armée de 140 mille hommes, partagée en deux corps, dirigés l'un sur la Westphalie, l'autre sur la Souabe.

Bonaparte était parti de Saint-Cloud depuis vingt jours, et la France ignorait encore le but de son voyage. Arrivé à Bamberg le 6 octobre, il s'annonce à l'armée par une proclamation, dans laquelle il fait connaître aux différens corps restés en Allemagne, qu'il a dû renoncer, pour quelque temps encore, à les ramener en France où des fêtes triomphales les attendaient; il leur rappelle ensuite la défaite des Prussiens dans les plaines de la Champagne, et leur promet de nouvelles victoires.

« Soldats! leur disait-il, aucun de vous ne veut retourner en France par un autre chemin que celui de l'honneur; nous ne devons y rentrer que sous des arcs de triomphe. » Pendant qu'il parcourait les corps de son armée, et qu'il enflammait leur courage, les troupes prussiennes se concentraient dans la Saxe; le général comte de Kalkreuth, à la tête des siens, quittait la Poméranie; les forces principales de l'ennemi s'établissaient à Naumbourg, à Weimar, et le gouvernement Saxon, innocent des causes de cette guerre, justement effrayé de ses suites, faisait transporter tous ses effets précieux, ses archives et le trésor public dans la forteresse de Kœnigstein, où les approvisionnemens et les travaux nécessaires avaient été faits pour soutenir un long siége.

Le Chef de l'armée française en avait confié la droite au commandement des Maréchaux Soult et Ney; une division de Bavarois, réunie à Beireuth, devait, avec eux, se porter sur Hoff. Le centre, composé des troupes du Grand Duc de Berg (Murat) et du corps du maréchal Bernadotte (alors Prince de Ponte-Corvo et depuis Prince Royal de Suède) du maréchal Davoust et de la garde impériale, débouchant par Bamberg sur Cronach, devait arriver à Saalbourg, et de là se porter sur Schleitz et Géra. La gauche était dirigée par les Maréchaux Lannes et Augereau sur Cobourg, Graffenthal et Saalfeld.

Les Prussiens étaient réunis entre la Saale et la Weera : leur droite à Eisenach, leur centre à Gotha-Erfurt, leur gauche à Weimar, appuyée sur les hauteurs qui se trouvent entre cette dernière ville et Jéna. Toute l'étendue de leur front était couverte par les bois de la Thuringe et la chaîne des montagnes qui, bordant la frontière de Saxe, se prolongent vers le nord de la Hesse.

Le 9 octobre, le maréchal Soult se présente à Hoff, enlève tous les magasins de l'ennemi, et fait un grand nombre de prisonniers. Ce même jour, les Français ayant déjà passé la Saale et débusqué l'ennemi de ses positions sur cette rive, le premier combat sérieux de cette campagne s'engagea à Schlaitz, entre quelques régimens de notre armée et 9,000 Russes, commandés par un Général de cette nation. Murat s'y trouvait, et le Prince de Ponte-Corvo, chargé de l'attaque de ce village, l'enleva avec une intrépidité digne du plus grand éloge; poursuivit ensuite la division ennemie qui ne dut, en partie, son salut qu'à la nuit, qui mit fin à l'action; mais 300 prisonniers restèrent en notre pouvoir. Les hussards prussiens, ayant voulu charger nos troupes légères, commandées par le général Maison, laissèrent 400 morts sous le feu de nos carrés. L'infanterie allemande jeta ses armes et s'enfuit épouvantée, dans le plus affreux désordre.

Cette affaire fut suivie de beaucoup d'autres, dans lesquelles nous obtînmes encore de plus brillans avantages. Le 11, le général Lasalle culbuta les bagages ennemis, 500 voitures restèrent au pouvoir de nos hussards, et des sommes énormes augmentèrent, pour quelque temps, la pesanteur de leurs portemanteaux.

Dans cette journée, Charles s'établit le protecteur de plusieurs dames prussiennes que l'espoir du triomphe avait conduites auprès de leurs vaillans époux; nous pouvons assurer qu'en cette circonstance notre jeune protégé ne se contenta pas d'être galant : il fut bon et généreux ; ne songea qu'à préserver ces modèles de l'amour conjugal, des suites

fâcheuses que pouvait avoir leur présence au milieu d'une armée triom-
phante, enivrée de ses succès et non
moins audacieuse près des belles qu'en
face de l'ennemi. Il obtint du général
vainqueur que ces aimables prisonnières
seraient promptement échangées contre
quelques cantinières qui, deux jours
plus tôt, avaient été prises par un parti
prussien, en allant à la maraude.

A la gauche de l'armée, le maréchal
Lannes avait attaqué, à Saalfeld, l'avant-
garde du prince Hohenlohe, commandée par le prince Louis de Prusse; deux
régimens français avaient suffi sur ce
point pour vaincre une partie de la cavalerie prusienne qui se jeta dans les
marais, ou se dispersa dans les bois,
laissant 600 blessés ou morts sur le
champ de bataille, et en notre pouvoir
1,000 prisonniers et 30 pièces de canon.
C'est dans ce combat que mourut en
brave le prince Louis de Prusse : ce
jeune et vaillant officier, voyant fuir ses

compagnons d'armes , semblait vouloir seul arrêter l'élan de nos escadrons ; se prenant corps à corps avec un maréchal des logis de nos hussards, qui lui cria, *rendez-vous Colonel où vous êtes mort*, il lui répondit par un vigoureux coup de sabre : le hussard le para , et ripostant de la pointe du sien l'étendit roide à ses pieds.

Ces légers avantages n'étaient encore que le prélude de plus éclatans succès. Le Roi de Prusse désirait peut-être une bataille décisive : ayant rappelé les différens détachemens qui devaient s'opposer à la rapidité de notre marche vers sa gauche, il réunit le 15, entre Capelsdorf et Auerstadt une armée d'environ 150,000 hommes que le général Tavenzien commandait en chef. Le même jour, Napoléon arriva à Iéna et observa , d'un petit plateau où se trouvait notre avant-garde, les dispositions et les manœuvres de l'ennemi qui semblait vouloir forcer, le lendemain , les divers débouchés de la Saale : la position des Prussiens , sur la chaussée de Weimar à Iéna , paraissait inexpugnable ; ils pensaient eux-mêmes que les Français ne pourraient déboucher dans la plaine sans avoir forcé ce passage ; en effet notre principale position n'était autre qu'un plateau où quatre bataillons pouvaient à peine se déployer, et il était impossible d'y transporter une artillerie suffisante à l'attaque. Cependant on fit travailler dans le roc pendant toute la nuit et le lendemain notre matériel s'y trouva placé.

Le maréchal Davoust reçut l'ordre de déboucher par Naumbourg et de défendre les défilés de Kœsen, dans le cas où l'ennemi se porterait sur ce point, ou de se rendre à Apolda pour le prendre à dos s'il restait dans la position où il était. Un autre corps fut destiné à déboucher de Dombourg pour tomber sur les derrières de l'ennemi quelque direction qu'il prît.

La grosse cavalerie, et celle de la

garde, n'avaient pas rejoint l'armée : la dernière se trouvait à trente six heures de marche. Cependant on voulait prévenir l'ennemi, et toutes les dispositions furent prises à cet effet : le corps d'armée du maréchal Lannes fut rangé sur le plateau que l'ennemi semblait avoir négligé; le maréchal Lefebvre se plaça au sommet avec la garde formée par carrés : là, Bonaparte établit son bivouac. La nuit offrit un spectacle digne d'observation : celui de deux armées dont l'une, déployant son front sur six lieues d'étendue, embrasait de ses feux l'atmosphère; l'autre, concentrée dans un petit espace, ne formant qu'un étroit et seul foyer de lumière; l'une et l'autre livrées à la plus grande activité, et les sentinelles rapprochées au point qu'elles ne pouvaient faire un mouvement sans être entendues de celles qui les observaient.

A la pointe du jour, toute l'armée prit les armes; la division Gazan était à la gauche du plateau , sur trois lignes; celle du général Suchet formait la droite , chacun de ces corps ayant ses canons dans les intervalles : enfin les troupes que l'on n'avait pu placer devaient profiter, pour se déployer , de différens débouchés que l'on avait pratiqués de la ville et des vallées voisines. C'était la première fois qu'une armée devait passer par un aussi petit espace.

Un brouillard épais obscurcissait le jour ; le Chef de l'armée française parcourait les rangs en rappelant à ses soldats qu'il y avait un an , à la même époque, ils avaient pris Ulm; les assurant qu'ainsi que l'armée autrichienne l'avait été , celle de Prusse se trouvait aujourd'hui cernée , et avait perdu sa ligne d'opération; que, pour faire retraite, elle chercherait sans doute à s'ouvrir une trouée; mais que le corps qui la laisserait passer serait déshonoré; à ce discours les soldats, impatiens de combattre , répondaient par le cri : *mar-*

chons. Bientôt les tirailleurs engagèrent l'action. La fusillade devint des plus vives, l'ennemi quitta sa première et formidable position ; l'armée française déboucha dans la plaine et s'y présenta en ordre de bataille.

Le gros de l'armée prussienne qui semblait d'abord attendre que le brouillard fût dissipé pour prendre les armes, se mit pourtant en mouvement : un corps de cinquante mille hommes fut dirigé sur Naumbourg pour couvrir ce point et s'emparer des défilés de Kœsen ; mais le maréchal Davoust l'avait prévenu. Les deux autres corps ennemis, formant à la fois quatre-vingt mille hommes, se portèrent en avant de l'armée française qui débouchait par le plateau d'Iéna. Un beau soleil d'automne vint enfin chasser le brouillard et éclairer les deux armées qui se voyaient alors à petite portée de canon ; notre gauche appuyée à un village et à des bois, se trouvait commandée par le maréchal Augereau, la garde impériale la séparait du centre commandé par le maréchal Lannes. Soult formait la droite. Ney ne possédait encore que cinq mille hommes, seules troupes qui fussent arrivées de son corps.

Les Prussiens étaient nombreux, montraient une belle cavalerie ; leurs manœuvres s'exécutaient avec précision et rapidité. Le Commandant en chef des Français eût désiré retarder l'attaque générale de deux heures, afin d'attendre, dans sa position actuelle, les troupes qui devaient le joindre et surtout sa cavalerie ; mais l'ardeur française l'emporta: plusieurs bataillons s'étant engagés dans Holstedt, l'ennemi s'ébranla pour les en déposter ; le maréchal Lannes marcha en échelons pour soutenir le village.

Soult, débouchant par Clowitz, attaqua sur la droite un bois défendu par le corps du général Holzendorff.

L'ennemi ayant fait un mouvement

de sa droite sur notre gauche, Augereau s'avança pour le repousser.

En moins d'une heure l'action devint générale : deux cent cinquante à trois cent mille hommes, avec sept à huit cents pièces de canon, s'occupaient de leur destruction avec une égale fureur.

De part et d'autre on manœuvra avec le même calme qu'on apporte à une parade : parmi nos troupes surtout, il n'y eut jamais le moindre désordre, et la victoire ne fut pas un instant incertaine.

Soult, ayant enlevé le bois qu'il attaquait depuis deux heures, fit un mouvement en avant : au même moment le Général en chef fut prévenu que la cavalerie de réserve commençait à se placer, et que deux nouvelles divisions du maréchal Ney, prenaient position en arrière du champ de bataille. On fit alors avancer toutes les troupes en réserve, sur la première ligne qui, se

trouvant ainsi appuyée, culbuta l'ennemi dans un clin d'œil et le mit en pleine
retraite : il la fit avec précision pendant
une heure ; mais lorsque nos divisions
de dragons et de cuirassiers, ces braves
frémissant de voir la victoire se décider
sans eux, purent prendre part au combat, ils se précipitèrent partout où ils
devaient rencontrer l'ennemi, et le
plus affreux désordre régna dans l'armée
Prussienne, sa cavalerie ne put un instant soutenir le choc de la nôtre ; en
vain son infanterie se forma en bataillons carrés, cinq de ces bataillons furent
enfoncés. Artillerie, cavalerie, infanterie, tout fut culbuté ou pris. Les français arrivèrent à Weimar, en même temps
que les restes ennemis qui furent pour-
suivis l'espace de six lieues. A notre
droite le corps du maréchal Davoust fit
des prodiges, non-seulement il contînt,
mais mena battant, pendant plus de trois
lieues, le gros des troupes ennemies,
qui ne pouvait résister à la tactique de

ce brave Maréchal, et à l'intrépidité des généraux Friant, Morand et Gudin, commandant sous ses ordres.

On fit aux prussiens 40,000 prisonniers, au nombre desquels se trouvaient 20 généraux : ils perdirent 30 drapeaux, 300 pièces de canon, et laissèrent 20,000 hommes blessés ou morts sur le terrain.

Nous eûmes en cette affaire, 1,100 hommes tués, et 5,000 blessés.

Le Roi de Prusse, effrayé de la confusion jetée parmi ses troupes, se retira à travers champs, à la tête de son régiment de cavalerie; le prince Henri de Prusse, le feld-maréchal Moellendorff, ainsi que le duc de Brunswick, furent blessés ; le général Ruchel reçut le coup mortel.

Tous les corps français se distinguèrent par le plus grand courage; mais les hussards, les chasseurs, se couvrirent de gloire.

St.-Paul fut blessé d'un coup de sabre, mais légèrement, au bras gauche, ce qui ne l'empêcha pas de suivre l'armée; Charles, sans avoir éprouvé le moindre accident, s'était battu comme un déterminé : dans une charge sur l'infanterie prussienne, il était parvenu le premier au milieu d'un bataillon carré dont il avait abattu le chef, et tout cela sous les yeux de son général.

Enfin, la nuit ayant mis fin au carnage, et chaque corps bivouaquant dans la position qui lui était assignée, de Belmont et St.-Paul, étendus sur quelques roseaux, s'entretenaient des exploits de la journée, lorsqu'ils virent arriver, près de leur feu, deux officiers de chasseurs, suivis d'un de leurs soldats auquel ils confièrent leurs chevaux après avoir mis pied à terre. Aux premiers mots que prononça l'un de ces officiers, Charles se leva précipitamment et s'élança vers eux.

« Mon cher Knopf! quel bonheur de te revoir !

— C'est bien toi! mon brave Charles !...... tu n'as rien attrapé aujourd'hui? me voilà content : embrassons-nous encore. »

De Belmont ayant reconnu Bernard dans le compagnon de son ami, l'accueillit avec amitié; St.-Paul étant venu se mêler à cette réunion, tous quatre, après les premiers épanchemens, rassemblèrent leurs provisions de bouche, firent apporter tout ce que les cantinières pouvaient y ajouter de mieux, commencèrent un repas que l'appétit et la joie leur firent trouver le meilleur qu'ils eussent jamais fait, et qui se prolongea jusqu'au milieu de la nuit.

Georges, qui n'avait quitté son régiment, avec la permission de son Colonel, que pour s'assurer que Charles existait encore, songea bientôt à aller rejoindre son camp : St.-Paul, malgré sa blessure, voulut le reconduire avec Charles; mais Knopf se refusa à sa politesse, son état exigeant du repos. Il prit donc congé de lui, et partit, ainsi que Bernard, côte à côte avec Charles qui l'accompagnait.

« Dis-moi, mon ami, as-tu vu le peintre français, en passant à Vienne?

— Non, mon cher Knopf, je n'y ai pas même songé.

— Peste soit de l'étourdi! à quoi penses-tu donc?

— Oh! j'étais très-occupé à cette époque; attends, je vais me rappeler ce qui me trottait dans l'esprit..... Ah! m'y voici; d'abord le chagrin que j'éprouvais de ton départ du régiment, après cela, je crois que j'étais amoureux de l'une des jeunes personnes que tu as vues à Brünn, tu sais bien, ces jolies filles du n° 32 où nous logions.

— Voilà, vraiment, une belle excuse et qui suffisait pour te dispenser d'aller voir celui qui a soigné une partie de ta première enfance: ton oncle, M. le comte de Surville!

— Tiens, j'ai donc des parens, moi? tu ne m'en avais jamais parlé..... M. de

Surville est mon oncle! pourquoi, aussi, ne me le disais-tu pas dans ta lettre?

— Je voulais lui laisser le plaisir de te l'annoncer lui-même, cela était convenu. Corbleu! si j'avais pensé qu'une petite péronnelle de quinze ans te détournât de suivre mes conseils, j'aurais été moins discret.

— Que veux-tu, c'est une affaire finie, il ne faut plus en parler : une autre fois je serai plus docile et moins amoureux.

— A la bonne heure ; parce que vois-tu, l'amour c'est une espèce de fièvre, une démence qui ne nous laisse ni paix, ni trève: le cœur se livre d'abord tout doucement à cette folie; l'espoir le fait avancer *au pas ;* un mot de l'objet aimé le met *au trot;* l'assurance de plaire le fait aller *au galop;* il ne faut plus qu'une occasion pour lui faire prendre *le mords aux dents ,* eh ! puis , bon soir la compagnie : voilà le cavalier à tout les diables. Tel que tu me vois, j'étais amoureux aussi, moi ; sais-tu ce qu'il en résultait ? que je ne valais plus une pipe de tabac, que j'oubliai mes devoirs, et quelquefois même jusqu'à mon cheval ; voilà pourquoi je me suis laissé faire Sous-Lieutenant, cela me force à m'occuper des hommes que je commande, et m'empêche ainsi de penser toujours à la femme qui me tourmente..... Mais tu es assez loin de ton bivouac, tourne bride, mon cher ami ; adieu, viens me voir quand tu le pourras, et écris-moi si tu y penses. » Les amis alors s'embrassèrent, et regagnèrent leurs corps respectifs.

CHAPITRE IX.

Thérèse, suivie de madame Germain et du paysan allemand, partit le lendemain du jour où elle avait reçu la lettre de Robert. Madame de Ligneville ne put parvenir à la détourner de ce voyage ;

elle se décida également à quitter la Franche-Comté pour aller habiter le pays de Caux, où elle possédait une propriété qu'elle n'avait point encore visitée. Le baron de Gallina lui avait offert de l'accompagner ; retenue par les obligations qu'elle avait contractées envers lui dans la grotte du sorcier, elle n'osa lui refuser ce qu'il sollicitait comme une faveur ; le Baron d'ailleurs était devenu pour la charmante veuve un objet de distraction, qui peu à peu lui avait rendu une partie de sa gaîté et de son aimable étourderie ; elle s'était aperçue, qu'après les repas, il avait plusieurs fois montré de la galanterie, et qu'il était souvent disposé à de tendres épanchemens. Elle était pourtant fort éloignée de l'intention de l'encourager : un pareil époux ne pourrait jamais fixer son choix. Toutefois elle n'était point fâchée de lui inspirer un tendre intérêt : les dames ne s'affligent jamais de cela, surtout lorsqu'elles supposent qu'elles n'auront point à combattre contre leurs propres penchans, et que les qualités de celui qu'elles engagent, ne les exposent point à se défendre de la séduction. M. de Gallina ne semblait, en aucune manière, dangereux à madame de Ligneville, et conséquemment elle pouvait, en riant des intervalles qu'il consacrait à ses amoureux discours, lui permettre de l'adorer sans espérance, aussi longtemps que bon lui semblerait. Mais laissons-les pour quelques mois, et revenons à l'amie de Robert.

Elle trouva à Besançon, dans l'auberge où elle descendit, *une voiture de retour,* prête à partir à l'instant même pour Manheim, et n'ayant encore qu'un seul voyageur. Cette destination se trouvait précisément vers la sienne, et la berline devait contenir quatre personnes : Thérèse se munit donc d'un passe-port pour elle et sa compagne, retint les trois places dont le conducteur pouvait encore disposer, et bientôt la voiture partit et s'éloigna de la capitale du Doubs. Un laps de temps assez long se passa, sans que personne songeât à parler. Le voyageur qui, avec Thérèse et sa suite, formait le quatrième personnage de la voiture, avait des manières assez communes, et paraissait néanmoins de la plus grande politesse; bien qu'il fût le premier inscrit, il avait forcé les dames d'accepter les places du fond. Madame Germain, qui ne voulait point être en reste avec son nouveau compagnon, et qui était d'ailleurs impatientée du silence qui existait dans l'équipage, ouvrit enfin la conversation.

« Vous avez été bien bon, Monsieur, de me céder votre place; mais, en vérité je crains que vous ne soyez gêné.

— Moi ! Madame, pas du tout; je ne suis jamais si bien que lorsque je suis mal pour obliger les dames : je vous vois en face, *tout de même*, comme si j'étais de l'autre côté; je sais d'ailleurs ce qu'on doit au sexe, je ne suis pas fait d'hier, ah ! ah ! ah !

— On voit bien à vos manières, Monsieur, que vous n'êtes pas comme certains hommes d'aujourd'hui, ne songeant qu'à eux-mêmes ; je gagerais que vous êtes de Paris.

— Justement, Madame, vous avez deviné ; faut *tout de même* que vous ayez du *tact*, car aujourd'hui ma toilette est un peu négligée, on ne me prendrait pas pour un agréable de la grand'ville ; c'est que, voyez-vous, je ne m'attendais pas à voyager en si bonne compagnie.

— Oh ! Monsieur, vous auriez tort de vous gêner ; personne n'est moins difficile pour ces sortes de choses que les femmes d'un certain ton : elles sont si accoutumées à voir les hommes parés, que c'est une nouveauté que de les trouver autrement ; au reste, vous voyez que nous ne sommes pas non plus vêtues pour une soirée ; cependant je suis aussi parisienne, n'ayant jamais habité que le faubourg St.-Honoré et le faubourg St.-Germain : j'espère que ce sont des quartiers comme il faut. »

— *Tout de même.*

— On ne voyait là autrefois que des grands seigneurs.

— A présent, c'est la chaussée d'Antin qui est courue ; j'y connais trois courtiers marrons et six directeurs des vivres, viande, riz, pain, sel et fourrages ; mon oncle vient d'y mourir : c'était un des plus riches de ces messieurs ; aussi je ne retourne à l'armée que pour y rendre mes comptes, et je reviens me tranquilliser avec trente mille livres de rente, ça n'est pas si bête, *tout de même,* ah! ah! ah

— Non, sans doute, Monsieur, et je vous en fais mon compliment.

—Oui, mais je ne serai pas si sot que je l'ai déjà été : persuadez-vous que j'avais fait jadis dans les vivres, une fortune considérable, et avec beaucoup de peine, je puis le dire; car j'étais observé

par tant de gens, surtout par un co-
quin, nommé Gift, dont je devais
acheter l'amitié du cinquième au moins
de mes bénéfices; n'importe, j'étais content des résultats, et je m'étais retiré
dans la Capitale où, pendant deux ou
trois ans, je menai *joyeuse vie*, comme
dit la chanson; toujours entouré d'amis,
et je dis, *tout de même*, des plus hup-
pés, *des philosophes!...* plusieurs d'entre
eux m'offrirent d'entrer de moitié dans
quelques entreprises de produits chi-
miques, en me faisant entrevoir qu'a-
vant peu ma fortune serait doublée.
J'avais de l'ambition et je me laissai
prendre à l'appât, *ah! ah! ah!* tel-
lement que je finis par perdre jusqu'à
mon dernier sou. Mon oncle ne voulait
plus me voir, et il ne me restait d'autre
moyen d'existence que les vivres; je me
remis dedans; j'y étais lorsque le brave
homme finit sa carrière: il paraît *tout
de même* qu'il me conservait encore une
dent; car, par son testament, il fait

connaître qu'autrefois il fut marié, qu'a-
près avoir eu à se plaindre de sa femme
il l'a quittée sans vouloir jamais la revoir.
J'ai su aussi que ce cher oncle, ayant
voyagé pendant quelques années, était
revenu à Paris où le commerce des bêtes
à cornes, *conséquent* dans le pays, lui
avait valu plus tard une direction de
vivres, et enfin, les biens qu'il a acquis. Voilà pourquoi, songeant à sa défunte femme, ou plutôt, à l'enfant fe-
melle qu'il avait eu d'elle, il veut que
cette fille partage avec moi sa succes-
sion, et que les biens appartiennent ensuite au dernier survivant ; mais je me
suis informé dans tous les arrondis-
semens de notre ville natale, on n'a pu
trouver une seule Gorgerousse, ainsi.....

— Que dites-vous ! s'écria madame
Germain. Quoi ! vous seriez le neveu de
M. Baptiste Gorgerousse, autrefois gar-
çon boucher faubourg du Roule !.....

—Baptiste, c'est bien cela ; qui avait
épousé une espèce de.....

— Ravaudeuse de bas de soie. O ciel! c'était ma mère! vous êtes mon cousin...... »

A cette déclaration, le Directeur des vivres resta, la bouche ouverte, muet de surprise; considérant madame Germain avec un air vraiment stupide, il ne savait trop quel air donner à sa physionomie; madame Germain, de son côté, semblait attendre avec anxiété la réponse qu'il allait faire, et cherchait dans ses yeux, si elle y découvrirait l'humeur d'un héritier processif, ou l'abandon volontaire des quinze mille livres de rentes dont la déclaration la comblait de joie. Cependant le cousin, après un instant de réflexion, reprit, en s'efforçant de sourire, le ton qu'il pût croire le plus convenable et répondit ainsi à sa parente :

« En voilà une bonne!..... ma fortune est diminuée de moitié; c'est égal, je suis enchanté de retrouver une cousine que je n'avais jamais vue, permettez du moins que je vous embrasse , ça en vaut bien la peine , *tout de même.*

— De tout mon cœur. »

Madame Germain qui justement possédait son extrait de naissance et l'acte de décès de sa mère, s'empressa de prouver son individualité et parvint , après une demi-heure d'aimables efforts. à se rendre on ne peut plus agréable aux yeux du Directeur.

Thérèse, qui jusqu'à ce moment avait gardé le silence, partageait toute la surprise de madame Germain et le plaisir que lui causait ce changement de fortune.

« Je vous félicite de cette heureuse rencontre , ma chère Henriette ; mais je vois que , dès ce moment, je dois renoncer à vos soins ; vous allez sans doute reprendre la route de la Capitale.

— Non , Mademoiselle, pas encore ; je ne voudrais pas pour tout au monde vous abandonner avant que vous fussiez à votre destination : d'ailleurs , je n'oublie pas si vite toutes les bontés que vous avez eues pour moi, et vous êtes bien certaine que, dussé-je avoir un jour les trente mille livres de rente, à moi seule.....

— Ah ! doucement, cousine, je suis encore dispos et solide, *tout de même*; quand l'un de nous mourra de vieillesse, l'autre pourra faire son paquet, ah ! ah ! ah ! au reste, ni l'un, ni l'autre, n'en est là.

— Je pense aussi, cousin, que ni l'un ni l'autre ne désire s'enrichir à ce prix.

—Je le crois, cousine. Votre mari est-il plus âgé que vous !

— Je suis veuve depuis long-temps, cousin.

— Ah ! vous êtes veuve! »

Gorgerousse, après ces dernières paroles, enfonça son bonnet de velours noir, croisa son garick sur sa poitrine, se tapit dans son coin de la berline, et parut se livrer aux plus sérieuses réflexions.

Madame Germain ne tenait plus en place, elle avait peine à contenir sa joie, et n'osait s'y livrer avec tout l'abandon qui la caractérisait : la décence ne lui permettait pas de se réjouir d'un changement heureux qu'elle devait à la mort de son père : il est vrai qu'elle ne l'avait jamais connu ; mais Henriette ne voyait que les quinze mille livres de rentes, et l'auteur de ses jours, depuis qu'il avait cessé de vivre, était devenu le meilleur homme du monde ; elle pensa même que, ne pouvant se permettre de rire, elle ne ferait pas mal de pleurer un peu ; elle prit donc à son tour l'attitude de la méditation, et bientôt après, un mouchoir, semblable à celui qui avait servi pour essuyer les larmes abondantes données au trépas de M. Germain, fut employé à pareil office :

Aussitôt la berline retentit des effets ordinaires de ces sortes d'épanchemens, ce bruit fit sortir Gorgerousse de la profondeur des pensées dans lesquelles il était enfoncé.

«Chère cousine, auriez-vous le rhume de cerveau ?

—Non, cousin, vous voyez bien que je pleure.

—Ah! c'est vrai, *tout de même*, et qu'est ce qui vous afflige ?

—Pouvez-vous le demander, n'ai-je pas perdu mon père ! quoique je sois riche, me voilà maintenant toute seule au monde.

—Quant à ça, cousine, vous ne pouvez pas dire que mon oncle vous ait jamais fait compagnie, ah ! ah ! ah ! ça prouve *tout de même* que vous avez un bon cœur ; mais, voyez-vous, il est inutile de pleurer ceux qui ne vivent plus, on dit qu'ils ne vous en savent pas la moindre obligation. Vous n'avez jamais connu votre père ; mais je puis bien vous raconter comment il était fait : un gros rougeot, blond, court, trapu; il avait la bouche grande , le nez plat, de tout petits yeux, comme per-cés avec un foret; un menton long, des oreilles superbes ! comme des sou-coupes. Quant à son caractère, on peut dire *tout de même* qu'il était original : lorsqu'il éprouvait ses accès de gaîté, il vous donnait, en riant, des taloches à vous casser les membres; quand il en-trait en fureur, il aurait tué jusqu'à son chien , qui était de tous ses amis celui qu'il aimait le plus. Par exemple si vous aviez besoin d'un service, vous pouviez en toute confiance vous adresser à lui , moyennant de bons gages ou de solides hypothèques. Mon Dieu ! il vous aurait prêté à dix jusqu'à douze du cent , tout ce que vous auriez désiré, eût-il été obligé d'emprunter lui-même à cinq et à six : oh! il avait un excellent cœur!

— Oh Ciel ! cousin, quel portrait vous faites de mon père !

— C'est ça, *tout de même*, cousine, ah! ah! ah!.... c'est donc pour vous dire

que vous ne devez pas trop vous désoler
d'être comme vous êtes, toute seule au
monde. D'ailleurs je pensais tout à
l'heure à une chose.....

— Quoi donc, cousin?

— Non, non, vous ne voudriez peut-
être pas.

— Dites toujours.

— Voyez-vous, moi aussi, je suis,
grâce au Ciel, jusqu'à présent tout seul
au monde; j'avais même le projet de ne
jamais cesser d'être ainsi. A présent, je
commence à voir la chose, *tout de
même*, sous un autre point de vue; et
si je pouvais vous faire viser au même
but;..... mais non, je veux avant tout,
faire ma toilette; car enfin vous ne me
connaissez pas encore, je veux vous faire
voir quel homme je suis; à la dînée, à
la dînée, nous causerons, ma cousine,
nous causerons,..... je ne vous dis que
ça, ah! ah! ah!

— Il me semble, cousin, que rien ne
s'oppose à ce que nous causions en ce

moment ; Mademoiselle a beaucoup d'a-
mitié pour moi et ne doit point vous
gêner, expliquez-vous.

— Faut-il ? vrai ! dans cette toilette ?

— Quelle idée, cousin ! que me fait
votre toilette ?

— Ah ! pardonnez-moi, cousine, d'a-
près ce que me disaient autrefois mes
amis les philosophes, les femmes ne s'attachent ordinairement qu'aux dehors de
leurs admirateurs : c'est souvent un ja-
bot bien plissé, une cravate nouée avec
grâce, une titus bien bouclée, un habit
moderne, qui décide leur goût en notre
faveur ; oui, les femmes, disaient-ils,
reçoivent...... qu'est-ce qu'elles reçoivent...... attendez...... ah !... toutes les
impressions par les yeux ; tant y a,
qu'elles pourraient se dispenser d'avoir
des oreilles, et que l'homme le plus honnête, le plus franc, le plus spirituel, ne
parviendra jamais à leur plaire s'il n'est
paré des attributs de la mode ; quoiqu'il faille, *tout de même*, encore qu'il

s'attache à flatter leur amour-propre, à applaudir à toutes leurs folies, à se soumettre à tous leurs caprices, à.......

—Mais, cousin, vos amis les philosophes étaient des impertinens.

—Non, cousine, c'étaient des hommes qui se nommaient......... propagateurs du système de la *bonne* civilisation, c'est un beau titre, ah ! ah ! ah !.....

—Mais, au reste, qu'est-ce que tout cela a de commun avec ce que vous avez à me dire ?

—Ah ! je voulais donc dire que, si, lorsque je vous aurai fait ma déclaration, sous ce costume, vous accueillez ma demande, je pourrai bien me vanter d'être aimé pour moi-même, et de ne rien devoir à la parure.

—C'est alors une déclaration d'amour que vous voulez me faire ?

—Oui, cousine ; vous trouverez ça un peu leste de ma part ; mais, voyez-vous, un directeur de vivres : c'est un peu militaire, ça va presque à la hussarde.

— A la hussarde ! reprit madame Germain, en levant les yeux au ciel, et poussant un gros soupir.

— Oh ! soyez tranquille, cousine, ce n'est seulement qu'en paroles, et dans ce cas une femme n'est jamais embarrassée de se défendre, ah ! ah ! ah !

— C'est une méchanceté que vous dites là ; c'est fort mal.

— Ah ! voilà que vous vous fâchez.

— Non, cousin.

— Si, cousine, je le vois bien.

— Pourquoi aussi, vous autres hommes, attaquez-vous toujours ces pauvres femmes ?

— Laissez donc, cousine, parce qu'on veut un peu montrer son esprit, dire des bons mots, faire des calembourgs, ça n'empêche pas d'aimer, de chérir, d'adorer les dames........ Elles nous le rendent bien, allez, cousine : quand elles peuvent nous tourmenter, elles ne nous épargnent pas ; tenez, moi qui vous parle, je n'ai presque jamais rencontré que des femmes qui se sont moquées de moi, et qui ne m'ont aimé que pour ma voiture, mes chevaux et ma loge à l'Opéra, à l'époque de ma première fortune.

— Je vous plains, cousin; sans doute vous ne pouvez plus, après cette épreuve, avoir de l'estime pour notre sexe, et, si jamais vous vous mariez, votre femme ne sera pas heureuse : elle ne pourra pas jouir de votre confiance.

—Si fait, elle en jouira; il est vrai que je voulais d'abord demeurer garçon toute ma vie; mais si vou pouviez voir avec mes yeux : que vous me trouviez gentil comme je vous trouve gentille, aimable comme vous me paraissez aimable, bon comme vous me semblez bonne, etc., etc., etc., nous pourrions, *tout de même,* l'un et l'autre doubler notre fortune; avoir ensuite une jolie maison au faubourg St. - Germain , St. - Honoré, ou à la Chaussée - d'Antin; des valets à nos ordres, une belle voiture, de riches meubles, des amis toujours disposés à nous trouver charmans et à dîner avec nous ; un *huitième* de loge à l'Opéra, pour voir danser ; un autre *huitième* aux Bouffes, pour jouir de la musique ; un autre encore aux Français, pour entendre parler ; de brillans habits faits par les plus habiles artistes de la Capitale : nous pourrions enfin former le plus heureux ménage qui soit possible de rencontrer *de Paris au Japon, du Japon jusqu'à Rome*, comme l'a dit Rousseau. Hem ! que dites-vous du petit tableau ? n'a-t-il pas de quoi chatouiller le cœur le plus indifférent ? »

Madame Germain, qui était prévenue depuis un instant de la déclaration de M. Gorgerousse, prit alors la contenance que la décence lui indiquait, et parut embarrassée de faire une réponse. Les yeux baissés, elle semblait attendre qu'il la pressât d'une manière un peu plus vive, pour lui faire connaître les sentimens que lui inspiraient ses honnêtes propositions. Cependant la chère cousine n'était pas entièrement occupée de l'avenir brillant que son adorateur venait de lui laisser entrevoir : elle songeait au Maréchal des logis, auquel, dans leur dernière entrevue, elle n'avait pu cacher le plus tendre intérêt; elle se rappelait même lui avoir fait certaine promesse : que si jamais elle devenait maîtresse de son sort, elle n'en disposerait que d'après ses volontés; elle lui avait, à la vérité, défendu de lui écrire dans la crainte de se voir compromise; mais n'aurait-il pas dû trouver les moyens de lui faire parvenir de ses nouvelles par quelque autre voie? décidément il l'avait oubliée; cette pensée déchirait le cœur de madame Germain. Peut-être était-il mort : cette idée lui semblait moins douloureuse, puisqu'elle lui permettait de le regretter, sans la priver de l'avantage de se soumettre à de nouveaux engagemens.

Gorgerousse qui, le cou tendu et la bouche béante, attendait avec impatience qu'elle répondît à sa demande, crut lui en avoir accordé tout le temps nécessaire, et prit le parti d'interrompre ses réflexions.

« Eh bien! ma cousine, vous ne répondez pas ; est-ce que vous auriez déjà disposé de votre belle petite main?

— O mon Dieu! non, Monsieur..... mon cousin ; mais vous sentez que tout ce qui m'arrive a quelque chose de si extraordinaire, qu'une femme, quelque forte qu'elle soit, ne peut d'abord rassembler toutes ses idées.

— Parbleu, cousine, je vais parler pour vous et pour moi : nous sommes tous deux, comme nous le disions tout à l'heure, seuls au monde, et nous nous décidons à être deux : d'après ce que notre conducteur m'a dit, vous devez quitter cette voiture à Spire ; là , nous nous rendrons chez un notaire, nous lui ferons griffonner une promesse, en forme de contrat, qui établira entre nous la communauté de biens ; j'irai ensuite rendre les comptes de ma direction, où une centaine de mille francs m'attend encore; de votre côté, vous ferez le voyage que vous avez entrepris, et dont je ne connais pas le but; mais ça m'est égal, parce que je ne veux point être un tyran, et que je ne suis pas fâché de vous donner cette première idée de ce que sera votre époux : vous me direz seulement à quelle époque vous serez de retour à Paris, et dans quel hôtel vous descendrez, afin que j'aille vous y recévoir pour vous conduire aussitôt *vers le temple de l'hymen*, ah! ah! ah! voyons, cela vous convient-il? si vous ne voulez pas parler, faites seulement un petit signe de tête, un rien me suffira. »

Gorgerousse avait approché son chef de celui de madame Germain, afin de mieux entendre ou de mieux voir sa réponse : en ce moment un gros cahot les fit heurter l'un contre l'autre, et rebondir au même instant à leurs places primitives, où chacun d'eux, en se récriant, se trouva le front orné d'une bosse.

« C'est bien, ajouta le Directeur, je n'en demande pas davantage ; je sais bien qu'il y a des malins, tels que mes amis les philosophes, qui diraient que ceci est d'un mauvais présage ; mais moi je ne suis pas superstitieux. »

Aucun autre événement remarquable n'ayant eu lieu pendant ce voyage, nous nous contentons de faire savoir que madame Germain, ayant cru trouver dans son cousin le seul époux qui pouvait la consoler de la perte présumée du brave Georges, consentit à se rendre chez un notaire, à Spire, où elle parapha, sans trembler, l'acte qui la constituait grande dame et riche propriétaire. Après cette cérémonie, Gorgerousse abandonna ses compagnes de voyage, et continua sa route vers Manheim ; Thérèse, accompagnée de madame Germain, gagnait dans une voiture de poste le château fort où gémissait son amant.

CHAPITRE X.

Enfoncées dans leur nouvelle voiture, nos deux voyageuses, occupées de pensées bien différentes, réfléchissaient, chacune de son côté : madame Germain venait de prendre son parti sur l'intérêt que, jusqu'à cet instant, elle avait conservé pour Georges : il ne s'agissait plus de devenir l'épouse d'un soldat obscur; tout à coup l'occasion se présentait de s'élever au rang des *dames* de la capitale, et de marcher de pair avec celles dont mille fois elle avait ambitionné l'éclat et l'opulence. Quel plaisir ! se disait-elle intérieurement, de voir une foule de personnes s'empresser à vous plaire , venir chaque jour embellir vos repas, vous communiquer la joie et le bonheur, se prêter à tous vos caprices, prévenir tous vos désirs, obéir à toutes vos volontés !......, Et quand viendront les fêtes de *Longchamp !* Comme les malheureux piétons regarderont avec un œil d'envie ma calèche; car c'est une calèche que j'aurai; et comme ils critiqueront ce qu'il y aura de mieux dans ma parure, par ignorance de la mode et du bon goût ! Les dames, à équipage comme moi, se demanderont : Quelle est cette nouvelle beauté ?..... Elle est charmante ! s'écrieront les jeunes élégans : quelle grâce ! comme sa physionomie est spirituelle ! Moi, je n'aurai pas l'air de m'apercevoir qu'on s'occupe de ma personne : je porterai négligemment mes regards sur la foule de mes admirateurs, sans en fixer aucun ; je sourirai de temps à autre aux personnes qui m'accompagneront, afin de montrer mes dents ; je jouerai avec mon éventail ou avec les nœuds de ma ceinture; j'aurai aussi un lorgnon que je porterai souvent à mon œil gauche, pour faire admirer mes bagues, lorsque j'aurai retiré mes gants. Je feindrai que mon fichu me gêne, et l'écarterai de

mon col pour laisser entrevoir la blancheur de mes épaules ; quelquefois je
mettrai le pied sur la banquette en face
de moi, sous prétexte que des cordons se
trouvent trop serrés, et quand ce pied-
là se trouvera dans un soulier de satin
blanc, Dieu sait ce qu'il fera dire et penser aux galans du jour !....

Telles étaient les agréables réflexions
de madame Germain, tandis que sa compagne, triste et rêveuse, ne songeait
qu'aux souffrances que devait éprouver
l'ami de son cœur : les yeux fixés au loin,
dans la direction de sa route, elle demandait souvent au paysan qui la gui-
dait, la distance qu'il y avait encore à
parcourir pour atteindre au but de ce
voyage : les réponses de cet homme
étaient toujours : « Une grande lieue,
une bonne lieue, une lieue, une petite
lieue. »

Thérèse ne pouvait contenir son impatience, il lui semblait qu'à pied elle
eût devancé la voiture ; souvent des

larmes venaient obscurcir sa vue, et ajoutait à sa peine en lui dérobant la pers-
pective ; chaque nouvelle habitation
qu'elle apercevait faisait tressaillir son
cœur : elle fixait alors le messager qui,
par un mouvement de tête, détruisait
soudain son espérance et la replongeait
dans unesombre mélancolie. Les beaux
jours du printemps ranimaient alors la
nature ; mais Thérèse était insensible au
riant spectacle que la campagne étalait
à ses regards ; la journée s'avançait, le
soleil avait parcouru plus des trois quarts
de sa course, peut-être serait-il trop
tard pour obtenir la triste faveur d'être
admise auprès de son malheureux ami ;
enfin, le château fort parut vers l'ho-
rizon et, après une courte traite, la
chaise s'arrêta dans un petit bourg,
devant une auberge, à cinquante pas
de la prison.

Le paysan allemand fut chargé de
faire préparer un appartement aux deux
voyageuses qui, aussitôt descendues de

voiture, se dirigèrent vers cette prison d'État, et demandèrent à parler au gouverneur. Le geôlier refusa d'abord avec humeur de se charger du message ; mais les vives instances de Thérèse, ou plutôt quelques écus qu'elle glissa dans la grande poche de veste du farouche personnage, et qu'il entendit sonner, le décidèrent à faire part de sa demande à un soldat d'ordonnance qui se trouvait dans la cour et qui courut aussitôt avertir le Commandant. Pendant ce temps, madame Germain crut devoir entreprendre une conversation avec le *doucereux concierge* afin de diminuer l'ennui de l'attente.

« Ce château est bien antique, Monsieur ?

— Je ne l'ai pas vu bâtir.

— Il paraît être très-fort ?

— Oui, il est solide, tout en pierres de taille et briques.

— Bien gardé, surtout ?

— Je m'en flatte.

— Une forte garnison, sans doute ?

— Cela ne regarde personne.

—Oh! rassurez-vous, je n'ai pas l'intention de l'attaquer.

— Je n'en sais rien : les femmes sont d'autant plus dangereuses pour une forteresse que l'on croit ne pas devoir se méfier d'elles.

—Ce n'est pas un homme aussi clair-voyant que vous semblez l'être qu'on entreprendrait d'abuser !

—Je l'espère, et surtout aujourd'hui; car toutes les précautions sont prises ; le Général qui commande le cercle doit venir nous visiter ; on ne sait si ce sera de jour ou de nuit, mais quelle que soit l'heure qu'il choisisse, il verra que l'on n'a rien négligé pour se garantir des surprises ; il verra que les prisonniers sont sévèrement observés et qu'ils ne manquent de rien, tant qu'ils ont de l'argent.

— Avez-vous un grand nombre de ces malheureux ?

— Assez.

—Connaissez-vous un nommé M. Robert..... Lambert je veux dire?

— Ah ! oui, l'espion !

— Est-ce ainsi que vous le nommez?

— Je ne connais les prisonniers que par leur écrou, celui-là est désigné comme tel, et le reste ne me regarde pas; au surplus j'espère en être bientôt débarrassé.

— On va donc lui rendre la liberté ?

—Oui, avec quelques onces de poudre et du plomb. »

Thérèse, qui d'abord avait éprouvé la joie la plus vive, se laissa tomber sur un banc qui entourait la chambre où on les avait introduites, et y demeura sans connaissance.

« Méchant homme ! s'écria madame Germain, en prodiguant ses soins à sa jeune maîtresse, vous aviez bien besoin d'annoncer une telle chose.

— Eh parbleu ! que ne me disiez-vous qu'il fallait se taire? avec une bavarde comme vous , le moyen !....... Tenez , voici de l'eau, voilà du vinaigre..... Que le diable emporte les femmes ! on serait moins tourmenté avec deux cents prisonniers qu'avec une seule de ces créatures..... Bon ! la voilà qui commence à rouvrir l'œil , ... elle pleure ; .... allons , ça va bien ; eh, ventrebleu ! j'ai dit cela comme j'aurais dit autre chose , moi ; je ne savais pas que cette dame appartenait à ce Lambert.

— Qui vous dit qu'elle lui appartient?

— De quoi se mêle-t-elle alors ? on ne se trouve point mal pour un inconnu ; c'est, au reste, le moins malheureux de cette maison : il est ami avec le Commandant, et, à l'exception de cette nuit où nous attendons le Général, il ne couche jamais dans son cachot. Mais, tenez, voici le patron.

Le lieutenant Fritz arriva comme Thérèse venait de reprendre en partie l'usage de ses sens ; sa faiblesse ne lui permettant point encore de se lever pour aller à la rencontre du Commandant, il la retint poliment à sa place, et lui demanda en quoi il pouvait lui être utile. Cherchant à contenir les sanglots qui oppressaient sa poitrine, elle le pria de vouloir bien lui permettre de l'entretenir en particulier. Fritz la pria de le suivre, avec sa compagne, dans un autre appartement, lui offrit son bras qu'elle accepta comme un appui qui lui était indispensable en cet instant, et tous trois, ayant traversé deux cours et plusieurs corridors, se trouvèrent bientôt dans la chambre du conseil, éloignés de tous les importuns. Après avoir fait asseoir ces dames, et donné des ordres pour qu'on ne vînt point les troubler, le Lieutenant renouvela sa première question; Thérèse s'empressa de l'instruire du sujet de son voyage : elle lui apprit que, depuis long-temps liée à Robert par la reconnaissance, l'honneur et la plus sincère affection, elle avait résolu de lui donner une preuve de ses sentimens, en s'unissant à lui au moment où ses malheurs paraissaient toucher à leur comble, et de partager son sort quel que soit celui qui lui fût réservé. Fritz, touché de ses larmes et de son dévouement, ne put cependant lui cacher qu'en lui permettant une entrevue avec Robert, il outre-passerait les pouvoirs dont il était revêtu, qu'il s'exposerait aux reproches de ses supérieurs, et spécialement à ceux du Général qu'on attendait d'heure en heure ; mais Thérèse n'en continuait pas moins les plus vives supplications, et bientôt, cédant à la fois aux instances de l'amante et à l'intérêt que lui inspirait l'amant, Fritz fit appeler le porte-clefs de service, lui ordonna d'accompagner la jeune dame près du prisonnier Lambert, et de leur laisser tout le temps nécessaire pour s'entretenir, à moins que l'on ne vînt annoncer l'arrivée du Général inspecteur. Le porte-clefs dérobait une partie de ses traits sous un mouchoir, et paraissait vouloir évi-

ïer les regards de Thérèse, qu'il devan-
ça, en sortant promptement de la salle
du conseil. Thérèse le suivit en silence;
déjà elle avait traversé plusieurs détours,
de longs corridors, des cours spacieuses,
lorsque, arrivée près d'une tour dont
cet homme ouvrait la principale entrée;
au pied de l'escalier qui conduisait à la
demeure de Robert, elle entendit un
cri plaintif sortir d'un cachot dont le
soupirail étroit, garni de barres de fer,
se trouvait au niveau du sol. Elle ne put
se défendre d'un mouvement de terreur
et s'arrêta comme pétrifiée par les accens
qu'elle venait d'entendre.

« Eh bien! Madame, voulez-vous
me suivre? lui dit son guide, en forçant
sa voix dont les sons paraissaient sortir
d'un caveau sépulcral.

— Pardon, Monsieur, mais cet infor-
tuné........

— Est un fou, reprit le porte-clefs
d'un ton plus haut en s'approchant du
caveau d'où la plainte s'était échappée,

un fou que je ferai placer à cent pieds sous terre s'il ne devient plus raisonnable. » Après ces mots, il monta l'escalier de la tour, et, toute pitié cédant au désir de revoir son ami, Thérèse le suivit sans autre observation.

Le jour commençait à baisser, le soliel avait disparu, et la réflexion de ses derniers rayons ne jetait plus qu'une pâle lumière sur la terre. La faible ouverture du cachot de Robert, ne lui communiquait déjà plus une clarté suffisante pour distinguer pleinement les objets : étendu sur la paille, la tête couverte de son manteau, ne pouvant trouver le sommeil, il se livrait au souvenir des momens heureux qu'il avait passés auprès de son amie, et ce retour vers ces jours de délices, ne faisait qu'ajouter à l'amertume de sa situation ; il entendit ouvrir son cachot, et comme l'heure approchait où les gardiens faisaient ordinairement leur ronde, sans parler aux prisonniers, il ne se dérangea point

de sa position ; le porte-clefs ayant introduit Thérèse, se retira aussitôt, re-
ferma la porte à double tour, et parla
ainsi de l'extérieur : « Puisqu'il faut vous
donner du temps pour vous entretenir,
dans une heure je reviendrai. » Robert
ne savait comment interpréter ces paroles, il crut entendre des pas froisser
la paille de son cachot, et au même
moment, des sanglots, entrecoupés de
quelques expressions, lui prouvèrent
qu'il n'était pas seul ; se débarrassant
alors de son manteau, il se plaça d'abord
sur son séant, reconnut les vêtemens
d'une femme, se leva précipitamment, et
demanda avec émotion quelle était celle
qui daignait s'offrir à ses yeux.

« Robert ! votre cœur ne devine-t-il
pas.....

— Thérèse !..... juste Ciel ! » Tous deux
se jetèrent dans les bras l'un de l'autre ;
et, pendant plusieurs minutes, la joie
leur ôta toute autre faculté de s'exprimer que par les plus tendres caresses :

de douces larmes succédèrent bientôt à ces premiers élans de l'amour, et leurs cœurs, moins oppressés, leur permirent enfin un autre langage.

« Vous! mon amie, vous ici! à peine puis-je encore me le persuader.

— Oui, Robert, oui, mon ami, c'est bien moi, votre Thérèse; heureuse, cent fois heureuse, si sa présence, si les consolations qu'elle vient vous offrir, peuvent calmer la rigueur de votre sort et détourner les coups qui vous menacent.

— Vous pensiez donc que je courais quelque danger réel?

— Ah! je n'ai que trop sujet de m'alarmer : votre lettre m'a prouvé que M. de Surville avait d'autres ennemis encore que le coupable Delval; on vous a arrêté comme agent d'un comité secret qui conspire au dehors contre la puissance du dominateur de la France. Le Comte paraît être du nombre des conjurés; vous serez confondu avec tous,

et votre innocence ne pourra vous se-
courir : le despotisme est sourd; mais,
quels que soient ses arrêts, je viens partager votre destin.

— Eh quoi! mon amie, après vous
être exposée pour moi aux dangers d'un
si long voyage, pourriez-vous habiter un
séjour où rien ne vous retiendrait que
votre amour pour un captif accablé du
poids d'une accusation infamante?

— Je n'agirais pas autrement, quand
bien même vous auriez mérité votre
sort. Mais vous êtes innocent, je serai
fière de m'unir à vous, de supporter
une moitié des maux qui vous accablent,
et d'avoir part à la haine de vos persé-
cuteurs. Je ne veux, pour être digne de
vous et de moi-même, qu'un titre de
plus; je viens le réclamer : qu'il soit
sanctifié par la religion seulement, et
ma conscience est satisfaite; parlez, Robert, puis-je espérer que vous céderez à
ma prière? Celle qui vous implore, ne
possède que vous sur la terre, et vous

supplie de justifier la tendresse que vous lui avez jurée.

— Thérèse! pensez-vous, lorsque vous agissez avec tant de candeur, de générosité, pensez-vous, mon amie, que je puisse me résoudre à vous entraîner avec moi au milieu des malheurs qui me menacent! ne serait-ce pas abuser de votre amour? agir moi-même avec le plus coupable égoïsme? Ah! sans doute, mon amie! je donnerais tout mon sang pour jouir un seul jour du bonheur légitime que je puis attendre de vous; mais vous associer à mon sort lorsque je ne puis vous offrir d'autres biens qu'une affreuse captivité, peut-être bientôt le spectacle de mon supplice, la honte qui en sera la suite, et qui rejaillirait sur vous!..... sacrifier votre avenir tout entier au seul charme du moment! ne vous laisser après moi que la douleur et l'infamie! .... Ah! Thérèse, cette pensée est cent fois plus cruelle que la mort : je ne puis la supporter.

— Vous pouvez, mon ami, me refuser la grâce que je vous demande; mais songez que votre orgueil, plus que votre cœur et la raison, sera satisfait du triomphe que vous voulez obtenir. Ma vie est pour jamais enchaînée à la vôtre : je vous le répète, quel que soit votre destin, le mien est de le partager : captif, je languirai dans les larmes jusqu'à l'époque de votre délivrance; et l'instant où vous cesserez de vivre, sera celui de mon trépas. Robert, rappelez-vous ce jour où, sous les eaux du grand précipice, le délire de l'amour égara votre raison;..... j'eus besoin de tout mon courage pour vous résister : croyez-vous, aujourd'hui, que j'aurai moins de force, lorsqu'il s'agira de vous suivre au delà du tombeau ? Non, si votre tendresse est égale à la mienne, vous sentirez que, lorsqu'on perd l'unique objet de toutes ses affections, on ne peut balancer un instant entre la douleur de vivre et la douceur de mourir.

— Thérèse! ma chère Thérèse, pourquoi vous ai-je révélé mon malheur?

— En me le cachant, n'auriez-vous pas été trop cruel? Si vous saviez tout ce que j'ai souffert!..... Mais dois-je me plaindre! Robert, cessons une discussion qui nous afflige tous deux et qui ne peut rien changer à ma résolution; consentez à me donner votre nom. Peut-être, le ciel nous réserve-t-il des jours plus heureux; mon ami, ne vous refusez plus à cette douce inspiration; dois-je croire que votre orgueil est plus puissant que votre amour? m'éloignerai-je avec la honte d'un refus, lorsque j'espérais sortir de cette lutte, glorieuse et fière du titre de votre épouse?

—Tu l'emportes. Non, je ne puis plus long-temps résister à mon cœur, au charme entraînant de tes discours..... ma bien-aimée, viens dans mes bras..... nous serons unis!..... que le Tout-Puissant daigne bénir nos nœuds ! »

Après quelques instans de silence, le

porte-clefs vint offrir à Thérèse de sortir de la demeure du prisonnier ; mais, loin de songer à s'en éloigner, elle fit accepter deux pièces d'or à cet homme, et obtint de lui qu'il irait prier l'aumônier du château de se rendre dans le cachot.

Pendant que ces futurs époux attendent le prêtre qui doit sanctifier leurs liens, sachons un peu ce qui se passe dans la chambre du conseil où Fritz, buvant le flacon de vin du Rhin, en faisant compagnie à madame Germain, l'entretenait déjà depuis une heure des qualités de Robert et de ses liaisons avec Georges Knopf qu'il venait de nommer son frère.

« Quoi ! Monsieur, vous seriez le frère de ce brave et digne Maréchal des logis ?

— Dites de ce brave lieutenant, Madame.

— Il est lieutenant ?

— Et chevalier de la légion d'honneur.

— Chevalier !.....

— Pas davantage, Madame; mais il ne s'arrêtera pas là; il ira loin, vous verrez cela..... à votre santé !

— Lieutenant et chevalier !

— Oui, Madame, malgré cela, il ne sera jamais très-heureux.

— Est-il possible ! qui s'opposerait donc à son bonheur ?

— Ah ! vous allez rire..... Persuadez-vous qu'il s'est avisé de devenir amoureux, comme un fou, d'une femme mariée dont il a fait la connaissance je ne sais où..... dans un voyage à Paris, je crois..... en Franche-Comté; mais je dois avoir la lettre où il me parle de cette passion; il y a de quoi s'amuser, je vous la ferai voir.

— Ah !..... sans doute il s'y moque un peu de la dame, en dépit de son amour, comme tous les hommes d'aujourd'hui.

— Au contraire, d'après ce qu'il en dit, c'est une vertu du premier ordre. Vous sentez bien que moi, je ne donne pas là dedans ; je m'imagine que c'est

tout bonnement une drôlesse, une coquette, qui lui sait peut-être très-mau-
vais gré de la haute idée qu'il a conçue
de sa rigueur et qui ne demandait pas
mieux d'être bloquée et prisonnière dans
ses derniers retranchemens.

— Vous ne pouvez pas la juger, Monsieur, elle ne vous est point connue.

— C'est égal, je gagerais que cette
créature ne vaut pas grand' chose.....
vous ne prenez pas un verre de vin?.....
je connais mon frère, il est incapable de
faire les premières avances...... à la
vôtre!..... Ce pauvre diable, toutefois,
a juré qu'il n'aurait jamais d'autre femme,
et probablement il restera garçon toute
sa vie : c'est peut-être, au surplus, ce
qui peut lui arriver de plus heureux. »

Madame Germain était oppressée au
point de ne pouvoir plus répondre une
seule parole; rouge de confusion, elle
se leva négligemment pour s'approcher
de l'embrasure d'une croisée et feignit
de regarder au dehors; là, de grosses

larmes qui roulaient dans ses yeux, s'échappant avec abondance, vinrent bientôt inonder son fichu de mousseline et son tablier de taffetas noir ; en ce moment, Fritz regardait à travers sa bouteille combien de temps il pouvait encore donner à la conversation.

« Il paraît que votre compagne ne s'ennuie pas chez mon prisonnier ?..... cela se conçoit, quand on est amoureux !...... je crois que je finirai aussi par me passionner, moi ; on n'a pas toujours du vin du Rhin, et, dans les intervalles, une petite femme a bien son mérite..... vous êtes mariée, vous, Madame ?

— Non..... oui, Monsieur, presque.

— J'entends, vous êtes promise ; oh c'est tout comme : une honnête femme n'a que sa parole ; lorsqu'elle est donnée cette parole, elle doit avoir toute la force d'un contrat. Je voudrais qu'il y eût une loi qui fît pendre ceux qui manquent à leurs promesses parce qu'un homme noir ne s'en est pas mêlé. Qu'en pensez-vous, Madame?

— Oui,.... assurément,.... vous avez raison.

— Je voudrais même qu'il n'y eût pas de notaire.

— Oh ! oui, sans doute, les notaires, c'est une chose affreuse.....

—Je suis bien aise de vous trouver de mon sentiment, et je suis sûre que vous êtes une brave femme; mais voici l'heure où je dois faire la ronde de mes postes; je vous laisse en vous priant de m'excuser; à revoir, Madame. »

Fritz s'éloigna, et madame Germain se livra sans contrainte au sentiment de ses regrets.

Revenons à notre captif.

L'aumônier du château s'était rendu à l'invitation qu'on lui avait fait adresser; réuni aux deux amans dans le cachot de Robert, il avait écouté avec calme le récit de leurs chagrins, et approuvait le désir qu'ils exprimaient de consacrer leur amour par les saints mystères de la religion. Passant alors sur plusieurs formalités, il sortit un instant du cachot où ils étaient dans l'obscurité, et y revint bientôt sous ses vêtemens sacerdotaux, suivi d'un enfant portant deux cierges allumés. Le prisonnier reconnut bientôt en lui le Curé qui avait rendu les derniers devoirs à madame de Surville, l'oncle de Bernard. Ce respectable ecclésiastique, forcé de quitter la France, pendant les jours orageux de 1794, était venu se réfugier en Allemagne, et, depuis cette époque, avait continué ses fonctions dans le bourg qu'il habitait encore. Il revit à son tour, avec autant de joie que de surprise, notre ami Robert, et, après l'avoir loué de sa conduite, après avoir parlé avec satisfaction de son neveu l'officier, il commença la sainte cérémonie. La messe nuptiale touchait à sa fin, le prêtre se disposait à bénir les deux époux agenouillés devant lui, lorsque tout à coup la porte s'ouvrit avec fracas. Delval, suivi de Ferraro, qui n'était autre que le porte-clefs, entra dans le cachot.

« Quel projet sinistre vous conduit en ce lieu? » s'écria l'amant de Thérèse, en jetant sur son père un regard où se peignaient à la fois la crainte, la fureur et l'indignation. Delval contemplait, dans une espèce de stupeur, le spectacle qui s'offrait à ses yeux; sa fille, pâle, tremblante, respirant à peine, s'était appuyée contre la muraille, et n'osait considérer le coupable auteur de ses jours. Robert, dans une attitude menaçante, semblait prêt à l'accabler de sa colère; le prêtre, étonné, paraissait attendre avec anxiété quelle serait l'issue de cette scène : enfin celui qui, par sa présence, venait de provoquer ce désordre, rompit le silence :

« Rassurez-vous, je ne viens pas, armé de nouveaux projets de vengeance, porter encore parmi vous le trouble et la désolation. Près de passer la frontière,

pour m'éloigner à jamais de cette France
où j'ai connu tous les genres d'adversi-
tés, j'ai été reconnu et traîné dans cette
prison. J'y ai retrouvé cet ancien complice de mes forfaits qui, à l'abri d'un
faux nom, s'était introduit comme employé dans cette demeure qu'il aurait
dû toujours habiter ; ce monstre périra
bientôt par l'effet de mes révélations,
s'il ne me procure ma liberté. Il y a deux
heures, qu'à la clarté des derniers rayons
du jour, du soupirail de mon obscur
cachot, j'ai reconnu ma fille. J'ai voulu
lui faire un dernier adieu ; quoiqu'il arrive, je ne la reverrai plus, et jamais
mon nom ne retentira à son oreille.
Puisse-t-elle perdre aussi la mémoire de
mes iniquités, et me pardonner un
jour;..... mais non, tant de générosité lui
serait impossible ! qu'elle sache du moins
que le repentir a pénétré mon cœur.
Vous, Monsieur, prenez ce papier ; je
sais maintenant qui vous êtes ; vous
pourrez, grâce à cet écrit, rendre un

important service au comte de Surville; qu'il apprenne également que mes remords l'ont vengé de ma haine, et que j'ai cessé de le poursuivre. Adieu, rendez heureuse l'orpheline sur laquelle vous allez acquérir de nouveaux droits; qu'elle puisse, avec vous, oublier le malheur de sa naissance, la honte et l'infamie de son père qui, en horreur aux hommes, en horreur au Ciel même, n'ose bénir sa fille, dans la crainte que cette bénédiction, réprouvée par Dieu, ne devienne funeste à son repos! Adieu. »

Il sortit, en prononçant ces derniers mots, suivi du porte-clefs, laissant Robert, Thérèse et le Chapelain, frappés de la plus vive surprise et comme agités des suites d'un pénible songe; à peine étaient-ils remis de leur étonnement, qu'ils entendirent plusieurs coups de fusil et un grand bruit dans le château. Un instant après, le lieutenant Fritz arriva tout essoufflé près de Robert, et lui apprit qu'un porte-clefs venait de s'échapper avec un prisonnier qu'on n'avait pu atteindre ; que le porte-clefs avait été tué, malgré la nuit qui favorisait la fuite des deux coupables. Il le prévint aussi qu'un courrier, devançant d'une demi-lieue la voiture du Général-Inspecteur, venait d'arriver dans la forteresse, et qu'il fallait que les Dames en sortissent à l'instant même.

zale (traduit en fran-
,eunier, 1775, 2 vol.

LES (Marc - Marie,
, naquit à Bitche dé-
: la Moselle, et mou-
1822. Le marquis de
1aréchal-de-camp a-
)lution et ambassa-
e, ne prêta point le
3é des fonctionnaires
l'assemblée consti-
onna sa démission. Il
nces lors de leur dé-
nce, et se rendit en
ir nom, à la cour de
; ans après, il publia
re en faveur de la
Bourbon. Retiré en
l y vécut d'une pen-
ducats que lui faisait
Naples. Ayant perdu
femme, il embrassa
tat ecclésiastique, à
Moravie. Rentré en
: la famille royale en
arquis de Bombelles
'ole lors de la béné-
lrapeaux donnés aux
zarnison à Paris; il
vêque d'Amiens, et
môuier de S. A. R.
esse de Berri.
T (J. B. F.), contre-
st né à Lorient le 12
Les grades qu'il ob-
tous la récompense
action brillante; une
raordinaire faisait ou-
sse qu'on aurait blâ-
simple matelot, ainsi
: peu agréable, et la
sa taille. Il était en-
olontaire dans la ma-
76. Avant la révolu-

pas moins difficile à parcourir que
celle de terre pour le Français
qui n'était protégé que par son
mérite. Pour parvenir au grade
de contre-amiral, Bompart aurait
dû renouveler les exploits de
Jean-Bart; dompter, comme lui,
la fortune, et, comme lui,
avoir pour protecteur, contre
les courtisans, le monarque lui-
même. Bompart fit les campagnes de l'Inde et de l'Amérique.
Ses succès l'avaient fait élever, en
1793, au grade de capitaine de
frégate. A cette époque, on lui
confia le commandement de l'*Em-
buscade*, de 36 canons, sur laquelle il fut chargé de conduire le
consul-général de la république
française aux états-unis d'Amérique. Il était mouillé dans la rade
de New-York, lorsqu'il fut provoqué par une frégate anglaise
de 44 canons. L'intrépide Bompart, sans écouter le consul qui
s'oppose à ce qu'il accepte ce défi,
se rend à son bord, harangue
l'équipage, lui communique son
enthousiasme, fait ses dispositions pour l'attaque, et s'approche
de l'ennemi. On se battit avec a-
charnement de part et d'autre;
mais enfin, après sept heures
d'une défense courageuse, la frégate anglaise fut rasée et obligée
de s'éloigner. Bompart rentra aux
acclamations des habitans de New-
York, qui étaient tous accourus
comme spectateurs, et qui firent
frapper une médaille en mémoire
de cet événement. Bompart obtint le grade de capitaine de haut-
bord, et se trouva à la malheureuse affaire d'Ouessant, où il sut
conserver son vaisseau, quoiqu'il